JN298301

近代ニッポン「しおり」大図鑑

山田俊幸　監修
羽島知之・竹内貫久雄　編

国書刊行会

【凡例】

一、本書収録の図像収集にあたっては、羽島知之の個人コレクションの他、一部、左記の機関のご協力を得た。

伊香保　保科美術館
京都精華大学情報館
大正・乙女デザイン研究所
富本憲吉記念館
株式会社榛原《はいばら》
株式会社ひまわりや ©JUNICHI NAKAHARA

一、収録の図版番号は「章番号」＋「個別番号」で構成し、各々二桁ずつをハイフンでつなぎ【00-00】で表した。

一、解説は、原則として各見開きページごとにまとめ、図版番号順にそれぞれ記載した。制作年、制作者、作者などについては、記載されているものはすべて紹介するように努めたが、大半が編者の調査の集積・組み合わせによる推定である。

一、解説文中に「しおり」本体の記述を引用する際は、原則として新漢字・新かなづかいに改めたが、煩雑にならない範囲で旧かなづかいを残したものもある。

一、解説文中、他章にまたがるような図版相互の関係はページ（ノンブル）で表記したが、膨大な量の本書中の「しおり」から特定のものを抽出しやすいよう、巻末には様々なキーワード（人名・商品名・イベント名・会社名など）で図版番号での検索が可能な「索引」を別途設けた。

「しおり」考――

山田俊幸

「しおり＝枝折り」という日本語はなかなか魅力的な言葉である。

言われるまでもなく、この語の語源説の一つに、「枝を折って（しをって）旅のしるし」としたというのがあり、それが有力な語源となっているが、これは、おそらく俗説だろう。だけれども、こうしたもっともらしい俗説にこそ、意外と言葉を「受け取る」側の、そしてその、「物」に寄せる、あえかな気持ちとでも言うものが、ひょいと現れているものだ。これも、それのひとつのように思う。

「読書」を「旅」に喩えることがいつ頃から始まったものか、それをつまびらかにすることは、今の私にはできない。とは言うものの、「しおり」を「枝折」とするとき、そこにはあきらかに「旅」の意識が潜まされているのを見ることができる。「読書は旅」そのものなのだ。

考えてみるに、書物には、様々な困難や苦闘、悩みや喜びと言った「物語的世界」とでも言うものが秘められている。そして人々は、その、実人生とは別の「物語的世界」を歩いて行くが、それが出来るのは読書だけだ。人はその道を歩き、休む。休んでは考え、考えてはまた歩く。チェーホフも言っているではないか。「疲れたら休むがいい。友もまだそう遠くには行くまい」――名言である。書物の長い旅も、疲れたら休めばいいのだ。そんな時、休みの里程標として「枝折」がある。

ここまで来たら、ちょっとの時間、本を読みさして休息をとろう。そして、今のこと、今までのあれこれ、過ぎ去った時間、これからの人生を休息の中で考えよう。次の歩みは「枝折」という「休息」のあとにあるのだ。

もくじ

序／「しおり」考――山田　俊幸 …… 003

第1章　乙女　少女雑誌から生まれた主人公に憧れた乙女たちの愛した世界 …… 007

第2章　美人　おとなの仲間入りを果たした乙女たちが極めていった「美人」 …… 031

第3章　淳一　一時期の日本の乙女たちの心を捉えた「中原淳一」の世界 …… 051

column　少女雑誌の読者世界――高野　麻衣 …… 058

第4章　風景　人気の鉄道沿線の大パノラマと、泰西名画からの憧れの風景 …… 061

第5章　こどもの世界　こどもたちの服装から理想化された親たちの夢が見えてくる …… 069

第6章 時間割とカレンダー 無料で配られた「しおり」が捨てられないための工夫を知る …… 089
column 明治四四年の富本憲吉――海藤 隆吉 …… 058
第7章 型抜き 型抜きには手にした者の関心を引く工夫が随所に現れている …… 101
第8章 近代デザイン モード雑誌のファッションをそのまま持ち込んできた世界 …… 113
第9章 都市と郊外 展覧会・博覧会は居ながらにして「世界」を疑似体験できた …… 131
column 和本の「栞」――熊田 司 …… 142
第10章 メッセージ 持ち主に直接呼びかける「しおり」だけに託されていたコトバ …… 145
第11章 戦時 日本全土を覆っていた戦時体制下に配布されていた「しおり」 …… 157

第12章 映画・演劇 ……… 167
忘れられない「あの公演」「あの映画」——甦る思い出のチケット

第13章 趣味創作しおり ……… 183
経済的に余裕を持った大正期の「趣味家の世界」を堪能する

column 「しおり」と「絵葉書」と「マッチラベル」——大木 優子 ……… 192

美麗な「しおり」に魅せられて——羽島 知之 ……… 194

編集・解説にあたって——竹内貴久雄 ……… 195

図版索引 ……… 196

乙女

「乙女」という言葉は、大正・昭和初期を考える時の大切なキーワード。子供からおとなへと成長して行く一時期、「抒情少女」たちは独自の世界を築き上げていた。それは彼女たちの「秘密の花園」だったが、少女雑誌から生まれた主人公に憧れて読書に耽り、あるいは美しい歌にあふれた楽譜書を追い求めて歌い、楽器を奏でる乙女たちは、人気画家たちにも夢中だった。

01-01

01-02

01-03

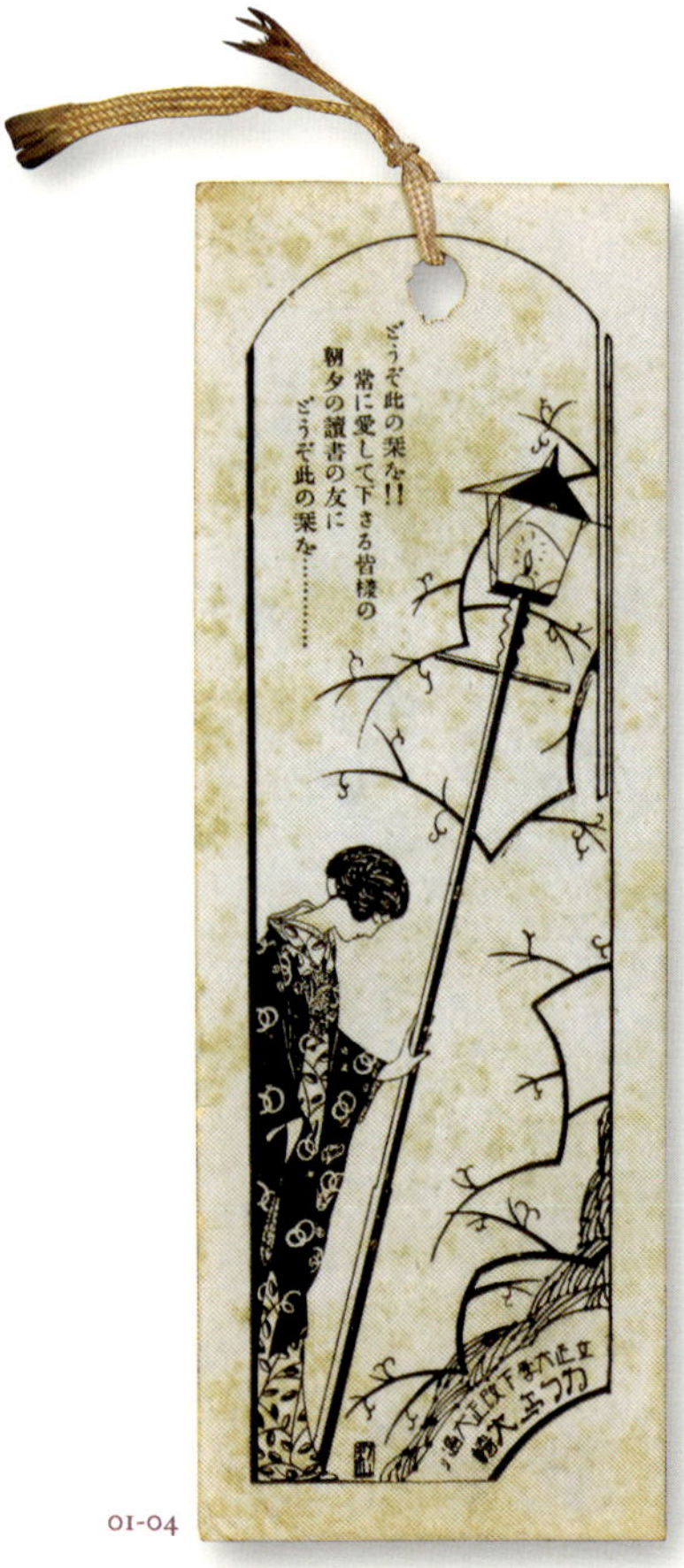

01-04

01-05

【01-01】泰昌製薬が発売した「ハータ過酸化石鹸」の広告しおり。「色白くなる」と謳っている。「過酸化水素水」は「オキシフル」など消毒液として知られるが、大正～昭和初期には「美白剤」として用いられていた。この商品の発売時期は未詳。

【01-02】戦前の大日本雄弁会講談社を代表する国民的娯楽雑誌『キング』の広告しおり。「万人向きの百万雑誌」を目標に大正一三年（1924年）に創刊され、空前の販売促進活動が行われた。様々の層の読者を抱えていた。「花」の少女化は、加藤まさをの「被り物」の少女を想起させる。

【01-03】右下の「ゆたか」のサインは、大正後期から戦後まで、児童画の世界で活躍していた「橋爪豊」のもの。おそらく大正後期の作。

【01-04】大正期の抒情画の典型的なアイテムでまとめられている。右下に「立正大学下改正大通り　カフェー大崎」とある。立正大学は、大正一三年（1924年）に大学令による大学として東京・大崎に設置されている。

【01-05】二点に共通している「千秋」のサインは「藤井千秋」。その活動時期から推して昭和三〇年代の少女雑誌の付録かと思われる。シルエットと花の組み合わせは、長い間、少女雑誌の典型的なイマジュリィだった。

JUN

JUN

JUN

01-06

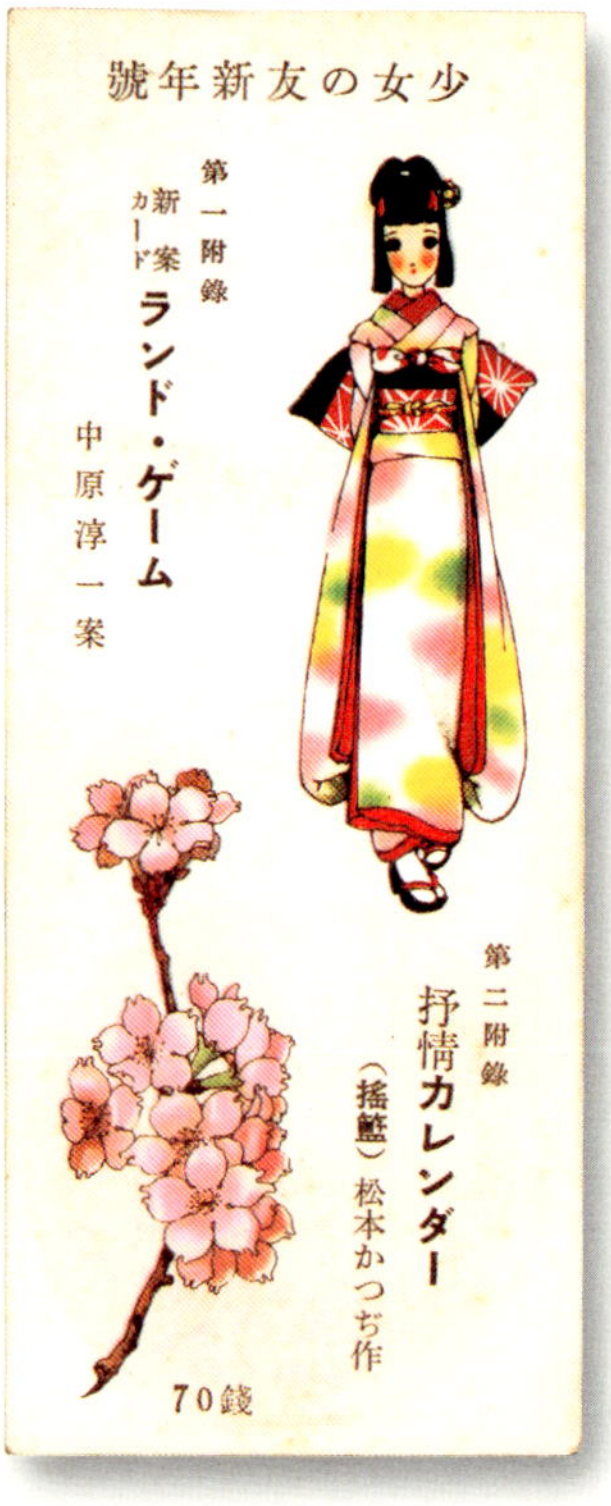
少女の友新年號
第一附錄
新案カード
ランド・ゲーム
中原淳一案
第二附錄
抒情カレンダー
（搖籃）
松本かつぢ作
70錢

01-07

01-08

01-10

01-09

【01-05】戦前・戦中に中原淳一の絵を模したと思われる商品が多量に出回った。この三枚は「JUN」とサイン入りだが、明らかに模倣品である。

【01-08】『少女の友』昭和一五年（1940年）新年号付録のしおり。「ランド・ゲーム」は中原淳一の発案によるもので、十ヵ国の国旗・国花・偉大な女性など五種各一〇枚にピエロを加えた計五一枚のカードで様々な遊びができる。

【01-02】戦後の松本かつぢ作品と思われる。

【01-03】淳一風のしおり。作者、販売者、制作時期とも不詳。他にもこうした人気作家を模した作品は多かった。

【01-10】「FLOWERS」（花）を「FLOMERS」と誤記している。「活動紙」という言葉は、イラストの輪郭の「特殊なエンボス加工（凹凸加工）」のことかもしれない。輸入品のように見せているが、日本製。

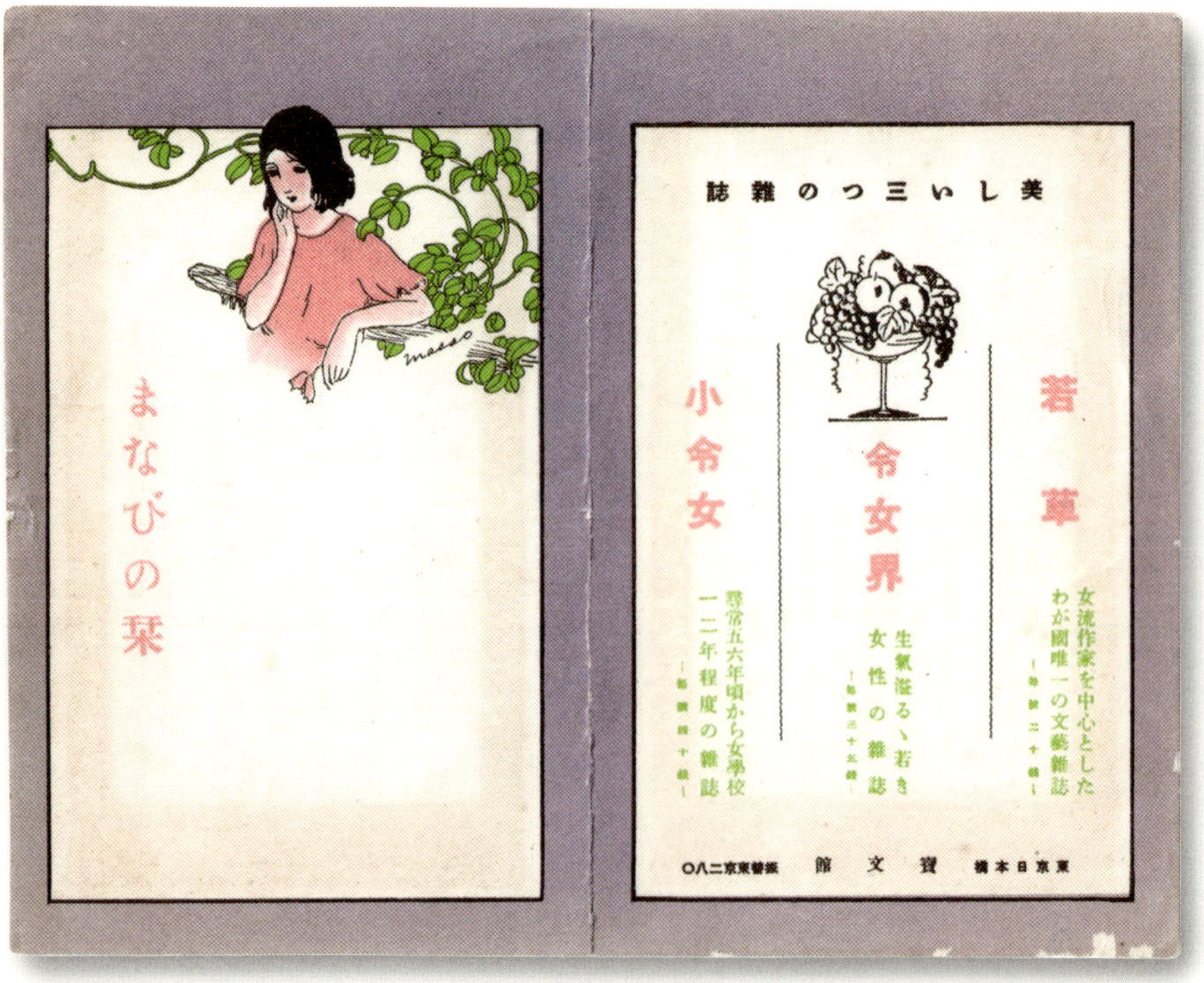

まなびの栞
美しい三つの雑誌
若草
女流作家を中心としたわが國唯一の文藝雑誌
令女界
生氣溢るゝ若き女性の雑誌
小令女
尋常五六年頃から女學校一二年程度の雑誌
東京日本橋　寶文館　振替東京二八〇

01-11

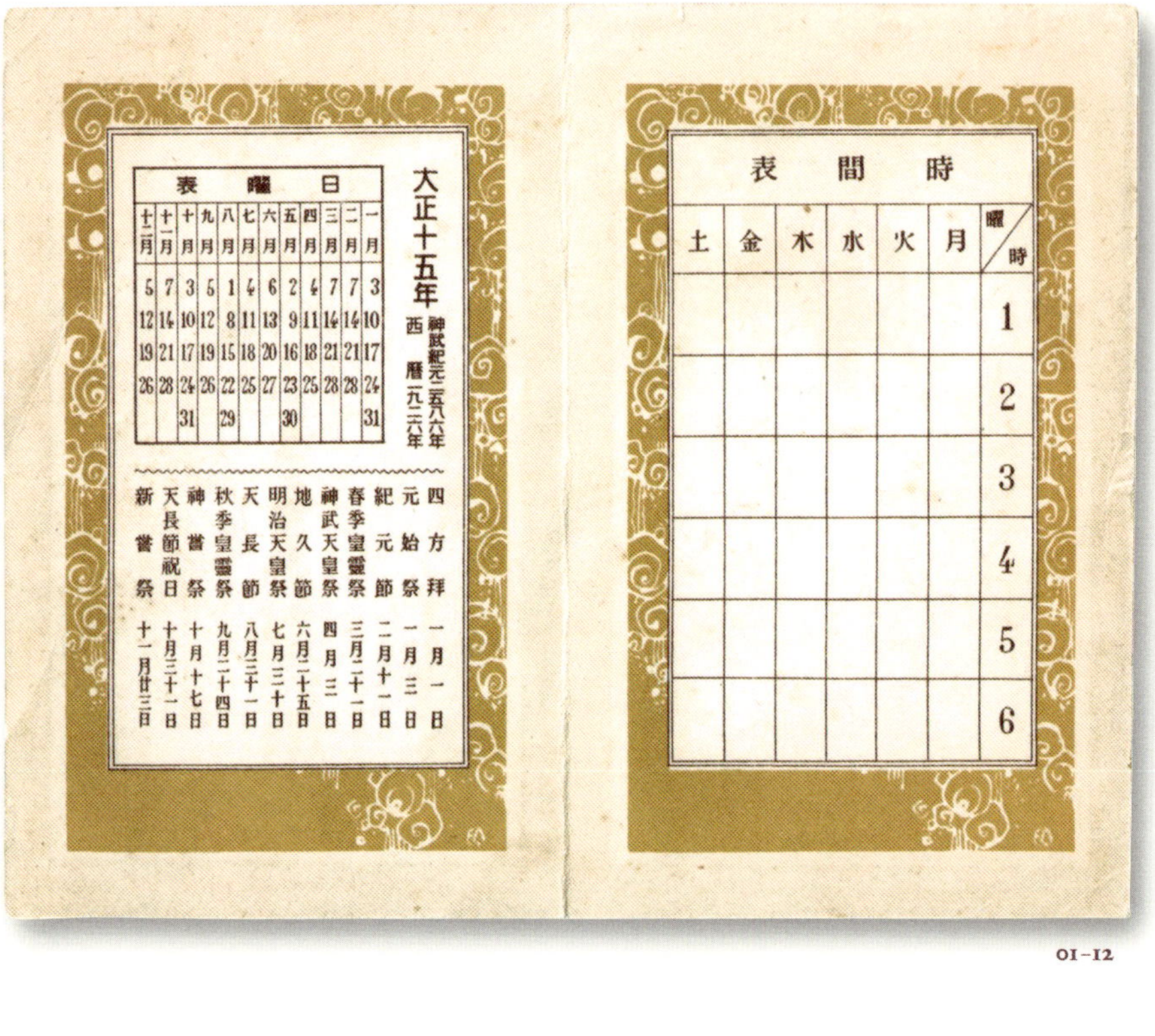

大正十五年
神武紀元二五八六年
西暦一九二六年
日曜表
一月 3 10 17 24 31
二月 7 14 21 28
三月 7 14 21 28
四月 4 11 18 25
五月 2 9 16 23 30
六月 6 13 20 27
七月 4 11 18 25
八月 1 8 15 22 29
九月 5 12 19 26
十月 3 10 17 24 31
十一月 7 14 21 28
十二月 5 12 19 26
四方拜 一月一日
元始祭 一月三日
紀元節 二月十一日
春季皇靈祭 三月二十一日
神武天皇祭 四月三日
地久節 六月二十五日
明治天皇祭 七月三十日
天長節 八月三十一日
秋季皇靈祭 九月二十四日
神嘗祭 十月十七日
天長節祝日 十月三十一日
新嘗祭 十一月廿三日
時間表
曜 時
月 火 水 木 金 土
1
2
3
4
5
6

01-12

01-15

01-14

01-13

【01-11】二つ折にして使用するもの。これは、それを開いた際のオモテ面。したがって左半分が表紙で、右半分が裏表紙となる。表紙の絵柄は加藤まさをによるものであることがサインからわかるが、裏表紙側のイラストは竹久夢二だろう。東京・日本橋の出版社、宝文館の制作。「美しい三つの雑誌」として同社の『若草』『令女界』『小令女』が紹介されている。加藤まさをの作風が、次第に少女小説の世界へと傾斜して行った時期の作品。

【01-12】前記と同じもののウラ面を見開きにした状態。オモテ面に「まなびの栞」とあるように、ウラ面の右半分は学習の時間割記入用となっている。左半分の記載で、このしおりが大正一五年用であることがわかるから、制作はその前年、大正一四年（1925年）の末頃と思われる。

【01-13】加藤まさを作、「少女の友　紅雀・枝折」とある。宣伝用に配布されたものか。『紅雀』は『少女の友』に昭和五年（1930年）一月号から一二月号まで連載された吉屋信子の人気小説のタイトル。

【01-14】サインから加藤まさを作と推定できるが、未詳。

【01-15】加藤まさを作。上部にタイトル『窓』の記載があることから、市販しおり組物の一枚か。

01-17

01-16

01-19

01-18

01-22

01-21

01-20

◉近年、関心が高まっている高橋春佳の作品を4ページにわたって集めた。いずれも共通したサインによって、春佳の作であることがわかる。春佳のしおりは、雑誌の付録や宣伝配布物ではなく、四枚、六枚といった組でシリーズ化されて外袋に封入して市販されたものがほとんどだったと思われる。

【01-16】【01-19】高橋春佳の作。詳細未詳。レイアウトの都合で倍率が異なるが二点ほぼ同寸で、型抜きのデザイン傾向や使用している紐の類似性からも、同じシリーズ中のものではないかと推定されるが、外袋未発見。

【01-17】【01-18】高橋春佳の作。詳細未詳。絵柄の相似から組物として発売された内の二枚と思われる。外袋未発見。

【01-20】【01-21】【01-22】高橋春佳の作。詳細未詳。この三点は全く同じ型抜きの中に異なった絵柄が嵌め込まれている。四つ葉のクローバーをテーマにしていることからも、四枚一組であったと推定されるが、外袋ともに未発見。偶然に発見すると幸運が訪れるという四つ葉のクローバー伝説は今でも有名だが、大正初期には既に東京音楽学校の吉丸一昌による「みつの葉は希望、信仰、愛情のしるし。残るひと葉はさち（幸）。」という訳のアメリカ生まれの歌が知られており、女学生たちが好んで歌うようになっていった。

01-25

01-24

01-23

01-28

01-27

01-26

01-29

01-30

01-34

01-31

01-32

01-33

【01-23】昭和二年（1927年）に、三〇歳代半ばで夭逝した詩人、岩井信実（のぶさね）の詩と組み合わされた高橋春佳のしおり外袋。左のしおり五枚が入っていた。信実は京都を中心に活動していたので、何らかの接点が春佳ともあったと思われる。しおりのウラ面に、それぞれ別の詩が印刷されており、外袋の『孤りの友へ』が総題のはずだが、しおりのためのオリジナル詩かどうかは未詳。

【01-24】【01-25】【01-26】【01-27】【01-28】すべて、前項の袋に入っていたしおり。組物としての順は不明。

【01-29】次項の外袋。「高橋春佳氏作／讃美歌」とある。

【01-30】前項の内容の一枚と思われるが、総枚数など、詳細未詳。

【01-31】「高橋春佳氏作／親しき愛情」とある外袋。次項の二点が封入されて発見されたが、全貌は未詳。

【01-32】【01-33】前項の外袋に封入されていたもの。どちらも同じ形で十字架があしらわれている型抜き作品。

【01-34】単独で発見されたが、サインから春佳作とわかる。

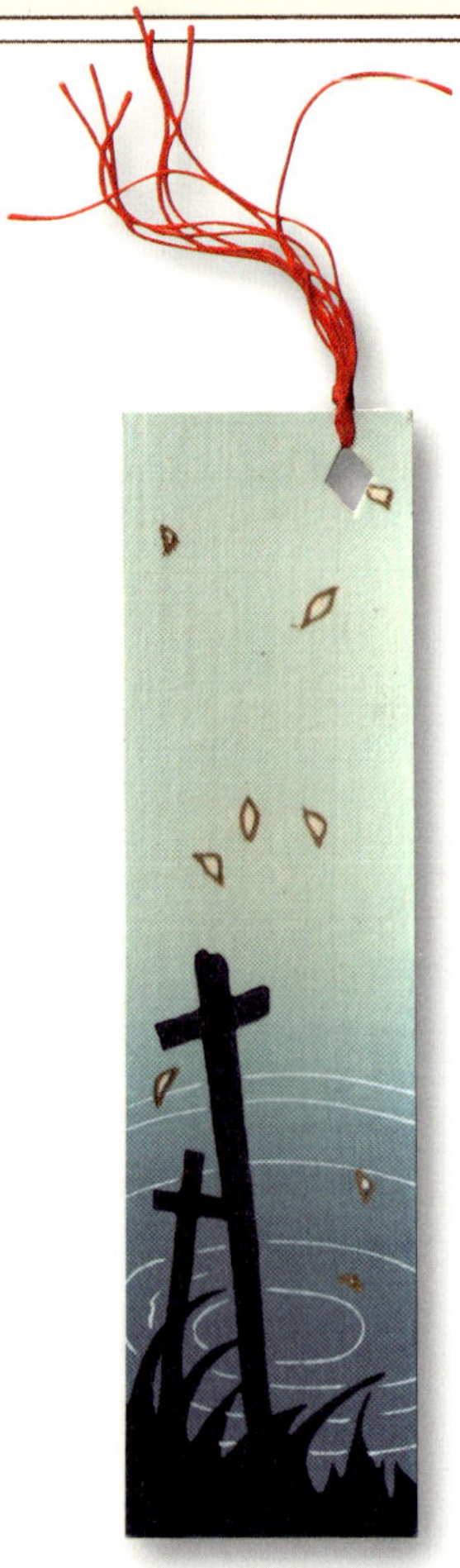

01-37

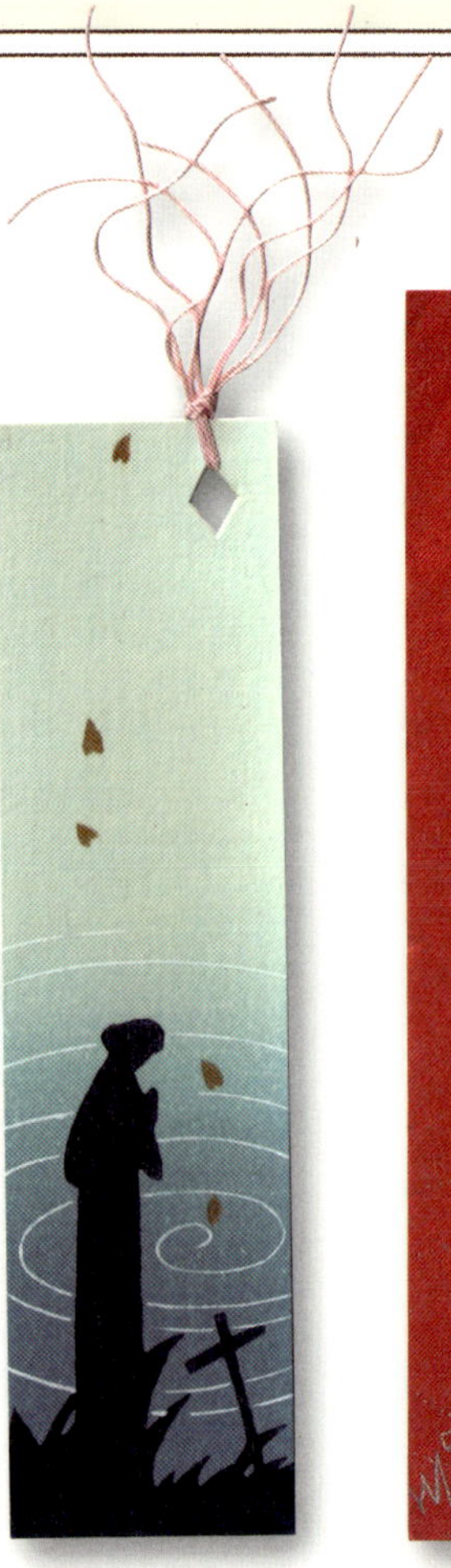

01-36

01-35

01-38

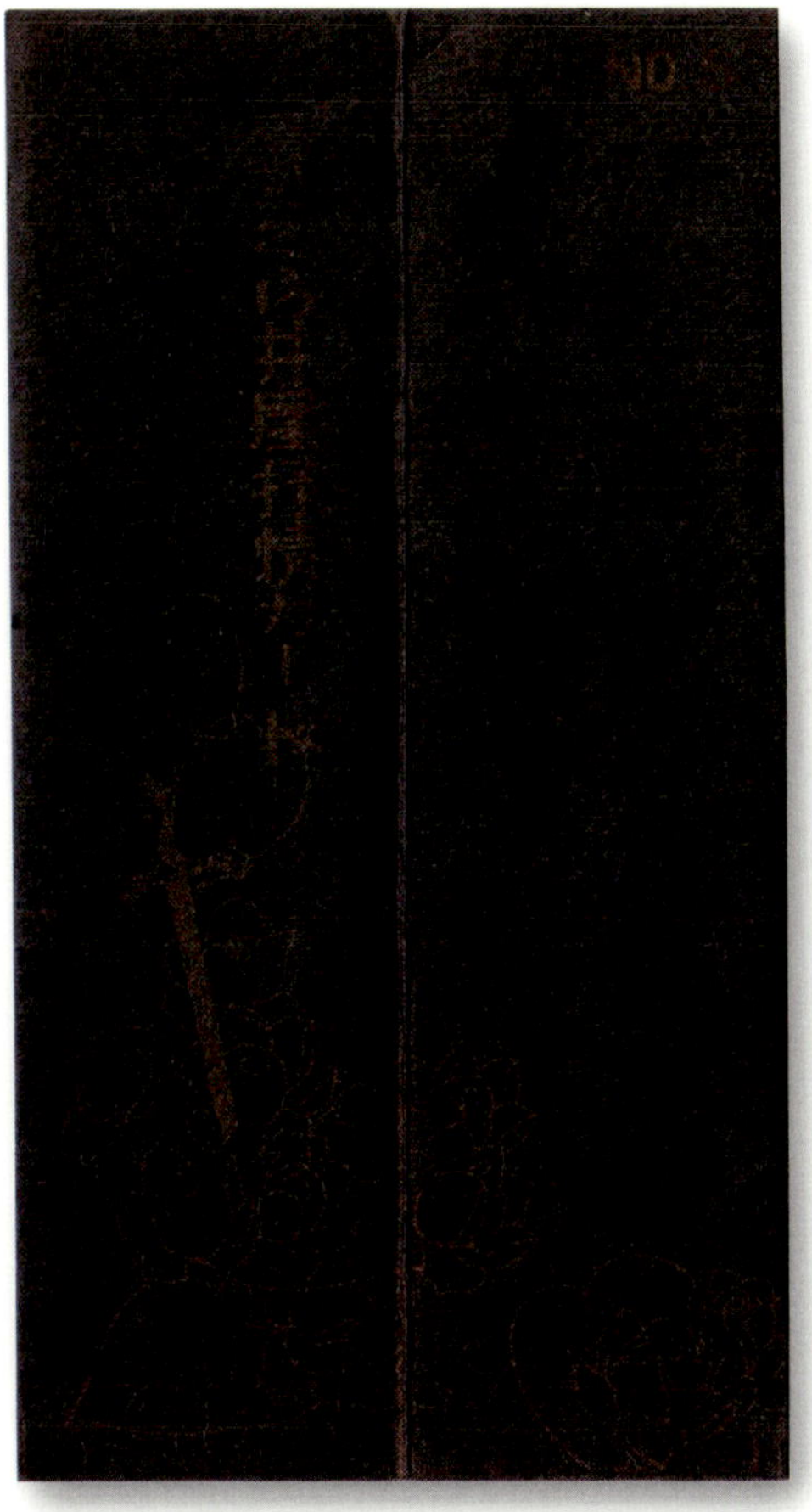

01-40

01-39

【01-35】「京都・京極さくら井屋」の制作による木版刷「さくら井屋抒情カードNo.6」の外袋（二つ折りケース）。左側はその中に収められていた一枚。共通の要素でデザインされている。

【01-36】右の外袋（二つ折りケース）に収められていたとされる一枚。木版刷。左右反転されているが、外袋と共通の要素でデザイン構成されている。大正末期～昭和初期に京みやげとして売られていたと推定される。小林かいち作の「現代的版画抒情絵葉書」シリーズと並行してさくら井屋が工房作品として制作販売していたものと思われる。

【01-37】【01-39】前記の一枚に、これらの三枚を加えた計四枚が「さくら井屋抒情カードNo.6」揃。水の波紋が共通のデザイン要素となっている。

【01-38】デザイン要素の共通性から、この四枚で揃と思われる。これもさくら井屋による木版刷。

【01-40】「さくら井屋抒情カードNo.5」と記載された外袋。前記の四枚と共に発見されたが、デザイン要素に共通点がないことから、前記四枚のしおりと外袋との組み合わせに疑問が残っている。この外袋のデザイン要素を持ったしおりの発見が待たれる。

01-44

01-42

01-43

01-41

01-47

01-46

01-45

【01-41】外袋『歌に寄す乙女と花』の項を参照。松本昌美の「令女しをり」シリーズのひとつ。以下の三枚とセットで計四枚揃っている。明治期に発行された上田敏の訳詩集『海潮音』は、女学生によって大正、昭和初期から戦後に至るまで、諳んじられて受け継がれた。中でも、このカール・ブッセの『山のあなた』は、いつの時代も人気が高かった。

【01-42】ウィルヘルム・アレントの『わすれなぐさ』もしばしば登場する（本書でも57ページとこのページにもう1枚掲載）。これも『海潮音』から。

【01-43】与謝野晶子の短歌「清水へ　祇園をよぎる　花月夜　今宵逢う人　皆うつくしき」

【01-44】石川啄木の短歌「潮かをる　北の浜辺の　砂山の　かの浜なすよ　今年も咲けるや」

【01-45】「歌に寄す乙女の花」と題された「令女しをり」シリーズの外袋。

【01-46】【01-47】サインから、作者は松本昌美。二枚が同じシリーズのものかは未詳。題名もなく歌詞がローマ字による日本語で書かれているものは「流れの岸のひともとは／み空の色の水浅黄／波ことごとく口づけし／はたことごとく忘れゆく」で、20ページにもある上田敏の『わすれなぐさ』。もう一方は、セノオ楽譜で有名な、グノー作曲『アヴェマリア』に付けた堀内敬三の日本語詞。

01-49

01-48

01-50

01-53

01-52

01-51

【01-48】「春祥堂　近藤書店」が配布したもの。東京・銀座にあった有名書店「近藤書店」の前身で、明治一六年（1883年）創業。出版もした時期があるが、小売書店として、銀座の顔とまで言われた。現在は通販本部のみ同所で営業を続けている。同書店は「知は力なり」のキャッチフレーズを長年使っていることが知られているので、これはそれ以前のもの。昭和初期か？

【01-49】シリーズとして「No.8」の文字が見えるこの外袋は「少女愛唱歌集」として市販されたもの。「LYRIO」マークの便箋・カード類は、昭和三〇年代には、書店、文具店を中心に大量に流通していた。作者として記載されている佐藤春樹は、昭和二〇年代の雑誌『少女世界』などで頻繁に見かける抒情画家。こうしたシルエット（影絵）による表現手法は、明治末期から一貫して女学生に人気があった。

【01-50】前項外袋に記載された四曲、『椰子の実』『サンタルチア』『ふるさと』『月の沙漠』それぞれのイメージ画。

【01-51】【01-52】【01-53】いずれも『少女の友／花言葉枝折』と題されたものの一枚。夭逝した深谷美保子の作画。各々に題名の表記はない。活動期間が短かった深谷作品だけに、おそらく昭和五年（1930年）から数年間頃のものと推定されるが詳細不明。

01-55

01-56

01-54

01-57

01-58

【01-54】「少女倶楽部増刊記念しをり」とある。画題となっている「毬子」は昭和一一年（1936年）に連載された吉屋信子の少女小説の題名でありヒロインの名前。須藤薫による挿絵。

【01-55】【01-56】いずれも「少女倶楽部しをり」とあり、蕗谷虹児のサインが付いている。画題および制作時期は未詳。一方には「祝入学」「学ぶに本気・遊ぶに元気」とあるから、こちらは四月に配布されたものだろう。

【01-57】【01-58】どちらも13ページの加藤まさを画と同じ「少女の友　紅雀枝折」とあるが、これは林唯一によるもの。『紅雀』は、昭和五年（1930年）に同誌に連載された吉屋信子の少女小説。加藤と林が何故混在しているのか不明。この時期になると、加藤まさをは挿絵画家としてよりも、少女小説作家としての執筆活動や自著の挿絵が仕事の中心になってきたから、むしろ、画家としての生涯を全うした林唯一のものが、連載小説の挿絵としてはメインだった可能性もある。

○
少女之友
「櫻貝」枝折

01-59

少《せう》女《ぢよ》倶《く》樂《ら》部《ぶ》行《かう》進《しん》曲《きよく》
久《く》保《ぼ》田《た》宵《せう》二《じ》作《さく》
(一)
明《あ》けて紫《むらさき》　東雲《しののめ》の
風《かぜ》もさやかな　谷陰《たにかげ》に
ゆれて微笑《ほほゑ》む　白百合《しらゆり》は
少女倶樂部《せうぢよくらぶ》の　姿《すがた》かな
(二)
みどり涯《はて》なき　大空《おほぞら》に
清《きよ》くあかるき　希望《のぞみ》もて
永久《とは》に輝《かがや》く　富士《ふじ》が嶺《ね》は
少女倶樂部《せうぢよくらぶ》の　心《こころ》かな
この歌《うた》は、『港《みなと》』空《そら》も港《みなと》も夜《よ》は晴《は》れて……の曲《きよく》で、お歌《うた》ひ下《くだ》さい。

賞
名譽《めいよ》の當選《たうせん》をお祝《いは》ひ申上《まをしあ》げます當選《たうせん》の記念《きねん》にまだ少女倶樂部《せうぢよくらぶ》を讀《よ》んでゐないあなたのお友達《ともだち》を愛讀者《あいどくしや》にして下《くだ》さい
少女倶樂部編輯局
勉學《べんがく》金言《きんげん》
○勉強《べんきやう》は一日《にち》も廢《はい》すべからず、而《しか》も靜《しづ》かに雨《あま》だれが石《いし》を穿《うが》つやうに撓《たわ》まずせよ（スマイルス）
○學問《がくもん》は心《こころ》の汚《よご》れを清《きよ》め身《み》の行《おこな》ひを正《ただ》しくす
少女倶楽
勉學《べんがく》金言《きんげん》
○勉強《べんきやう》は一日《にち》も廢《はい》すべからず、而《しか》も靜《しづ》かに雨《あま》だれが石《いし》を穿《うが》つやうに撓《たわ》まずせよ（スマイルス）
○學問《がくもん》は心《こころ》の汚《よご》れを清《きよ》め身《み》の行《おこな》ひを正《ただ》しくするにあり
少女倶樂部

01-60

01-61

【01-59】『少女倶楽部行進曲』と題された久保田宵二による歌詞が掲載されている。加藤まさを画。歌詞の最後に「この歌は『港』空も港も夜は晴れて……の曲で、お歌ひ下さい」と但し書きが付いている。『港』は明治末期に文部省から刊行された『尋常小学唱歌』に収められた歌で、小学三年生になると誰もが歌わされたので、昭和初期の少女でこのメロディを知らない者はいなかっただろう。行進曲調というより、むしろ、ゆったりとしたメロディの、のどかな曲である。久保田宵二は、コロムビアレコード専属の流行歌作詞家として知られている。

【01-60】『少女倶楽部』の懸賞。作者未詳。外袋に何枚封入されていたか不明だが、ここでは二枚発見された。制作年未詳だが、「勉学金言」の文字とその内容が、前記の「行進曲」とともに、どことなく戦時体制に近づいている印象を受ける。

【01-61】珍しく横長のデザインで制作されている。作者未詳。『少女の友』ではなく『少女之友』となっているが、画題の『桜貝』は昭和六年（1931年）に連載された吉屋信子の少女小説のタイトル。

01-62

01-64

01-63

【01-62】『少女倶楽部』の賞品として愛読者に進呈されたものと思われるが、詳細未詳。

【01-63】二六〇四年・七月・昭和一九年と書かれたカレンダーが付いているが、これは、もちろん「皇紀二六〇四年」のこと。上端の切断面から何かの半券と思われるが、詳細未詳。

【01-64】詳細未詳。

【01-65】ウラ面に「少女倶楽部賞」とあり、勉学訓と時間割表が印刷されているが、詳細未詳。

【01-66】詳細未詳。

【01-67】「菊池幽芳訳『家なき児』の民」「須

01-65

01-66

藤しげる画」とあるが、菊池の同書が明治四五年（一九一二年）に春陽堂から発行されたときには、須藤の画はなかった。このしおりはここに並べて掲げた他の二点と共に、おそらく昭和四年（1929年）に講談社が発行した『少女倶楽部』一月号の「新春詩歌画譜」を、愛読者が切り取って「しおり」に加工して保管していたものだろう。菊池の『家なき児』は、アンリ・マローの『Sans Famille』の名訳として高く評価され、前年の昭和三年（1928年）に改造社から再刊されたばかりだった。

【01-68】『少女倶楽部』昭和四年（1929年）一月号「新春詩歌画譜」の一枚と思われる（前項参照）。「宮崎一雨作『正義の楯』の静江」「富田千秋画」とあるが、これは、当時の人気作家宮崎の「熱血少女小説」のひとつとして、『少女倶楽部』で前年八月からこの年の一二月まで連載している。

【01-69】前項参照。「吉屋信子作『七本椿』の雪枝」「田中良画」とあり、これは、この年に『少女倶楽部』での連載が開始されている。

【01-70】『少女の友』の標語カードとあり、「本を大切に致しませう」の標語。添えられた絵には、高畠華宵のサインが見える。

【01-71】博文館の月刊雑誌の広告しおり。ウラ面には大正三年のカレンダーが印刷されており、この年号表記の他、「紀元2574年」と、「西暦1914年」も併記されている。

01-69

01-68

01-67

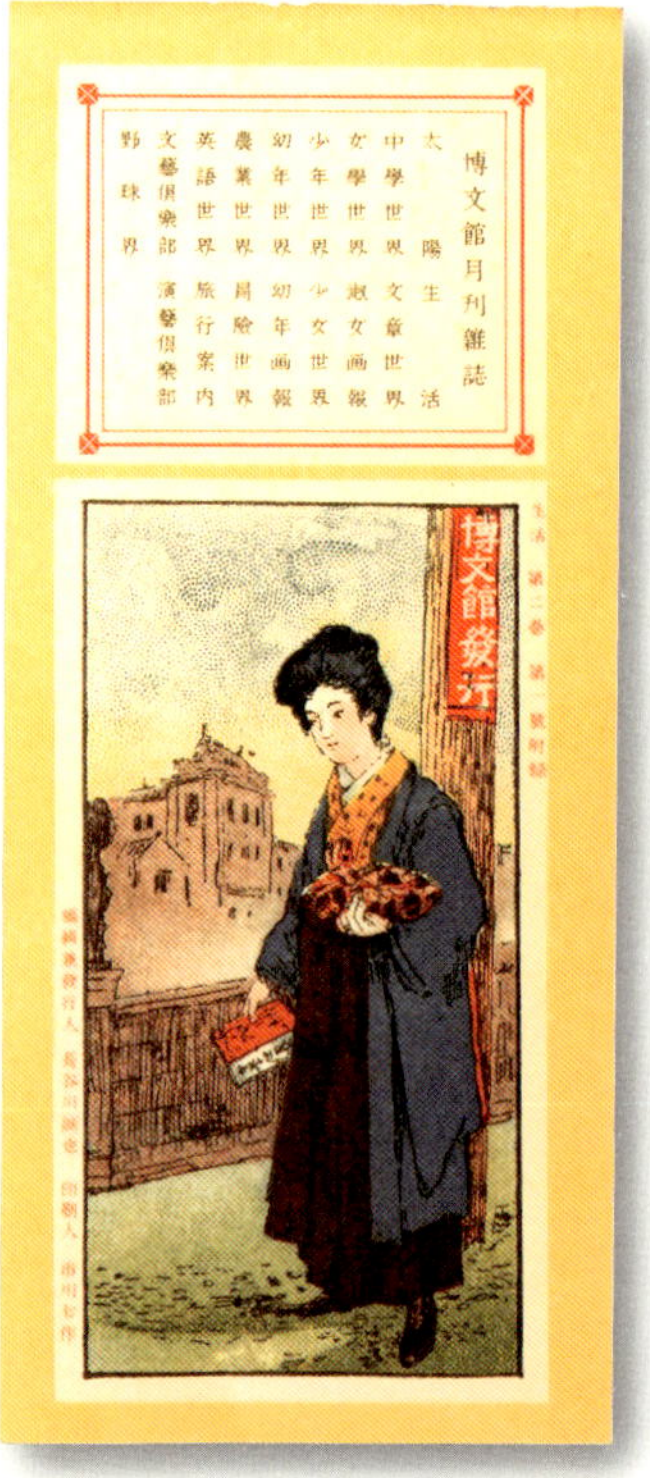

01-71

01-70

美人

大人の仲間入りを果たした乙女たちは、それぞれの流儀で「美人」の世界を極めてゆく。この章では、そうした女性たちの関心を引いたアイテムが、どういう世界を広げ、どのような商品となって彼女たちの心を誘っていたかを見ることができる。「和」と「洋」の交錯も、日本の近代化の中では当然のこと。彼女たちが時間の流れの中で行きつ戻りつ、漂っていたことが伝わってくる。

衿《エリ》元《モト》
ホドチン本舗の
高級ゑりあか取り

02-01

赤函脱毛料
ゾリパット
Solipat
the one Minute Hair Remover
各百貨店
及薬店ニアリ
銀座 東海貿易合名會社 輸入元

02-02

02-04

02-03

【02-01】「ホドヂン本舗の高級えりあか取り」として名前が出ている「ホドヂン」の「保土谷（ほどがや）曹達（ソーダ）株式会社」が製造元の「えりアカ取り」＝「衿元」は、トリクロールエチレン、四塩化エタンなどを調合して作られた独特の製品で、ベンジンのような不快な臭いが残らずに垢がよく落ち、しかも生地を傷めない、とされる。戦前からよく売れていた製品らしい。「陸海軍御用工場」とあるので戦時下のしおりだろう。販売は「金星商会」。

【02-02】赤函脱毛料「ゾリパット」については、戦後GHQ統治時代の商品と思われるが、詳細不明。また、輸入元とされる東海貿易合名会社についても未詳。

【02-03】「旭製菓商会謹製」とある以外、ウラ面にも無記載。図柄から推して、夏をイメージした飲食品にかかわって作られたしおりと思われる。旭製菓商会についても詳細不明。

【02-04】防虫剤として有名な「ホドヂン」は昭和三〇年代の婦人雑誌の広告でも見かけるが、戦後のキャッチフレーズは「虫よけの王」。ここで紹介するのは「専売特許のホドヂン」とある戦前版。製造元は商品名の由来と思われる保土谷曹達。これも「衿元」と同じく「金星商会」が販売元。

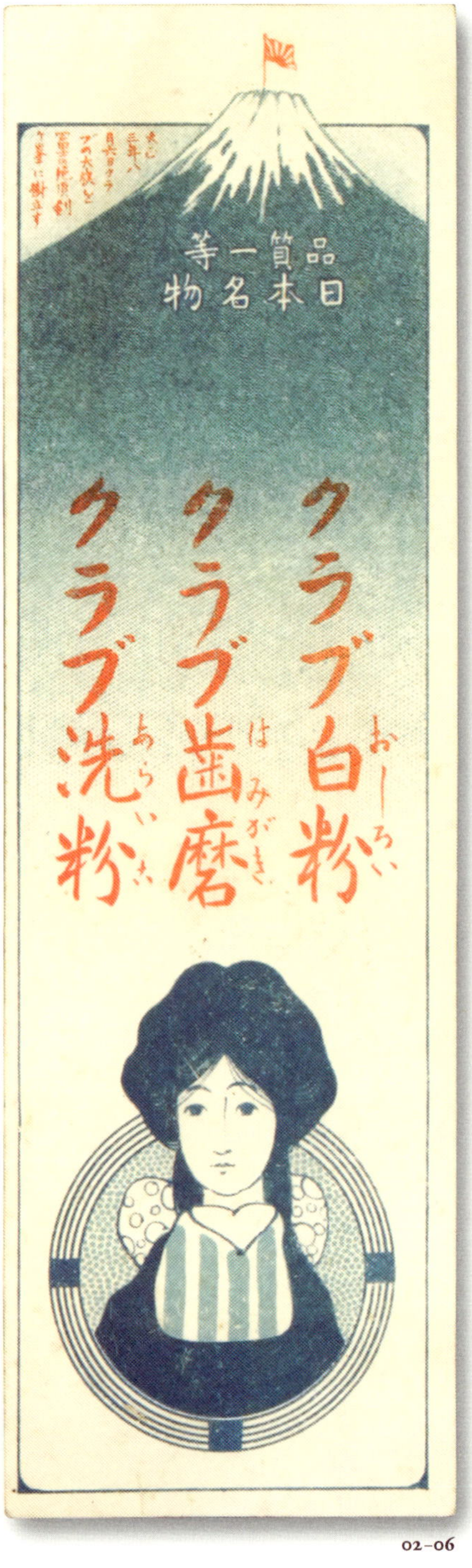

02-06

02-05

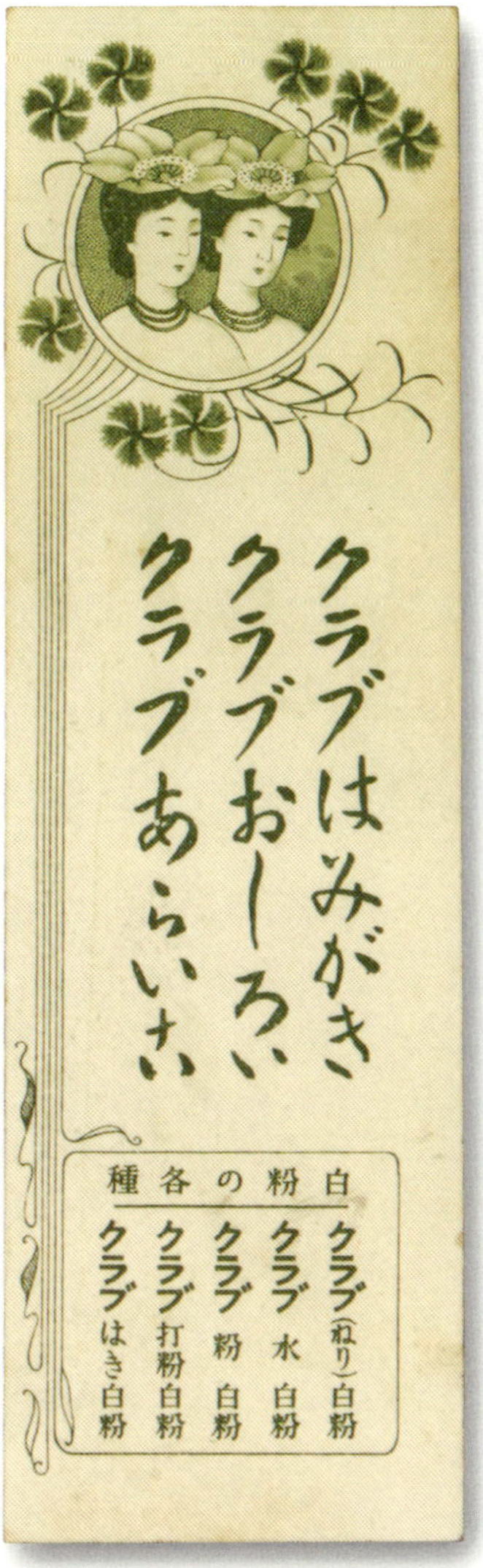
クラブはみがき
クラブおしろい
白粉の各種
クラブ(ねり)白粉
クラブ水白粉
クラブ粉白粉
クラブ打粉白粉
クラブはき白粉

02-08

クラブ

02-07

【02-05】【02-06】同じしおりのオモテ・ウラ。かつて「東のレート、西のクラブ」として日本の化粧品業界の一方の雄だった中山太陽堂（現在は「クラブコスメチック」）の宣伝しおり。ウラ面、富士山の左の文字は「大正三年八月六日、クラブの大旗を富士の絶頂剣ヶ峯に樹立す」とあるのが何を意味するのか不明だが、この年には有名なレート化粧品との熾烈な販売合戦が起こっている。「品質一等」「日本名物」のキャッチフレーズも、通常のクラブ化粧品の広告では使われていない。昭和一〇年代のいわゆる戦時体制下のものかもしれない。

【01-07】【01-08】商品の順序も文字遣いも前出と異なるが、オモテの縁飾りが共通しており、おそらく同時期と思われる中山太陽堂の販促品。こちらのウラには、上部に、創業当時のイメージをもとに後の時代に新しく作られた「双美人」マークが使われている。

大流行 標準型
メルマン海水着
男子用に
女子用に
海水用品は美津濃

02-10

原料香水
オリヂナル
流線型『香り容器』を
無代進呈致します

02-09

02-11

02-12

【02-09】『原料香水オリヂナル』は、安藤井筒堂（後の「オリヂナル薬粧」）が、輸入製品に伍して初めて国内製造に成功した香水。口紅のように見える商品は、愛用者に無料進呈される携帯用の「流線型・香り容器」。商品の空き箱を集めて交換するキャンペーンの告知しおり。「流線型」は明治四四年（1911年）にアメリカの科学雑誌が自動車のボディ形状に使用した表現が最初と言われる英語からの訳語。モダンを象徴する語として、大正期に流行し始めた。

【02-10】「大流行　標準型」とあるとおり、今でも「ミズノ」として存続しているスポーツ用品の大手「美津濃」スクール水着の定番商品が『メルマン海水着』。このしおりの制作年代は未詳だが、美津濃が育てたブランド「メルマン」は大正期には既にあり、戦後まで続き現在に至っている。

【02-11】「ヘチマ化粧料の栞」としか記載がないが、大正四年（1915年）に、江戸時代からの民間伝承「ヘチマ水」による化粧水として天野源七商店（現在は社名も「ヘチマコロン」）から発売された『ヘチマコロン』の関連だろう。制作年代未詳。

【02-12】宝酒造の『宝味醂（みりん）』制作年代未詳。

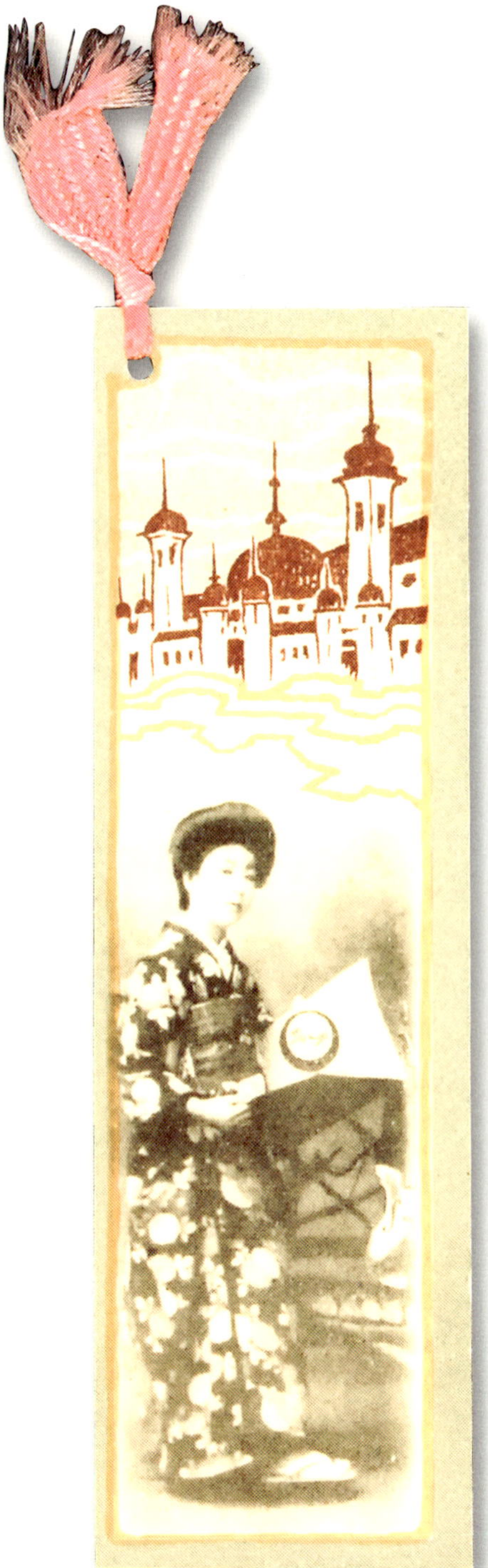

02-13

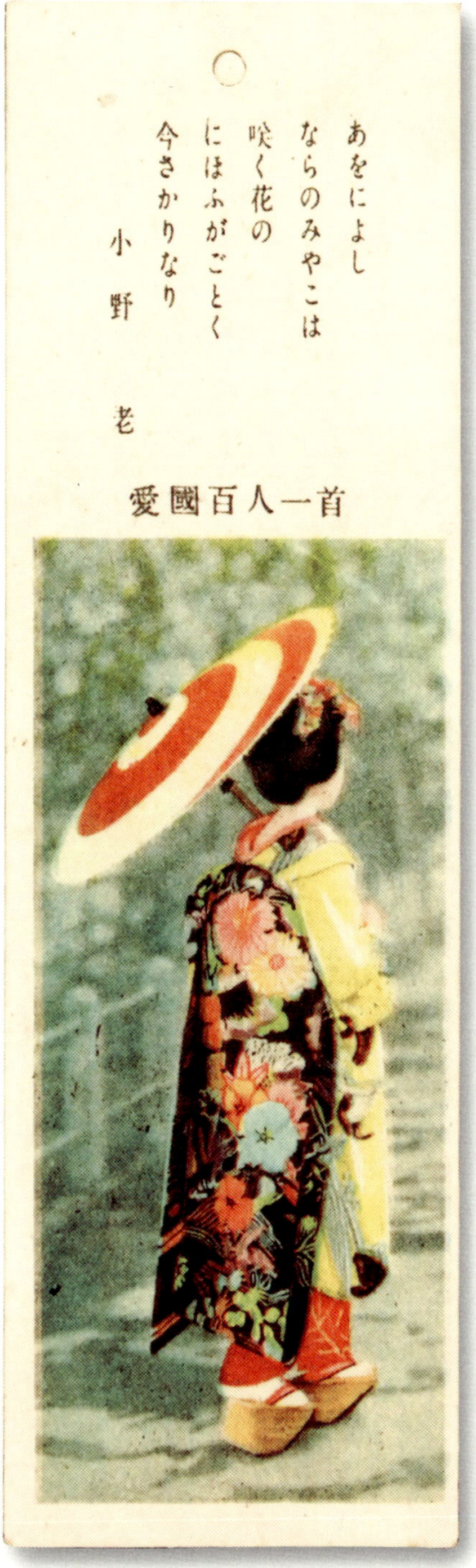
あをによし
ならのみやこは
咲く花の
にほふがごとく
今さかりなり
小野老
愛國百人一首

02-14

02-16

ミナサマノ
ゴニウガクヲ
オイハヒ
マウシマス
十一屋
王様クレイヨン

02-15

キング絵具

【02-13】衣料品系の店の販促用と思われるが、詳細不明。和装の女性とロシア寺院風の建物との強引な取り合わせが興味深い。

【02-14】有名な「あをによし　奈良のみやこは　咲く花の　にほふがごとく　今さかりなり」は『万葉集』巻三にある歌だが、これは『小倉百人一首』には選定されていない。国威発揚に合った歌を集めて『愛国百人一首』と名づけた市販のしおりセットが作られていたのだろう。

【02-15】詳細不明。「キング絵具」とだけ記載があるが、昭和初期に「キング水彩絵具」を発売していた「王様商会」という会社が、東京・池袋にあったことが知られている。後に「王様クレイヨン」を発売し、そちらが主力商品となって戦後まで続き、社名も「王様クレヨン商会」に変更した。

【02-16】詳細不明。前項にある「王様クレイヨン」の商品名のほかに、「十一屋」のマークとロゴ、「入学祝」の言葉が添えられている。十一屋は江戸時代創業の十一屋呉服店が、昭和一一年（1936年）に百貨店として商号を変更。以後、昭和一八年（1943年）までの八年間だけ使用した商号。その後は「丸栄」の名で名古屋・栄で営業を続けた。

02-17

02-18

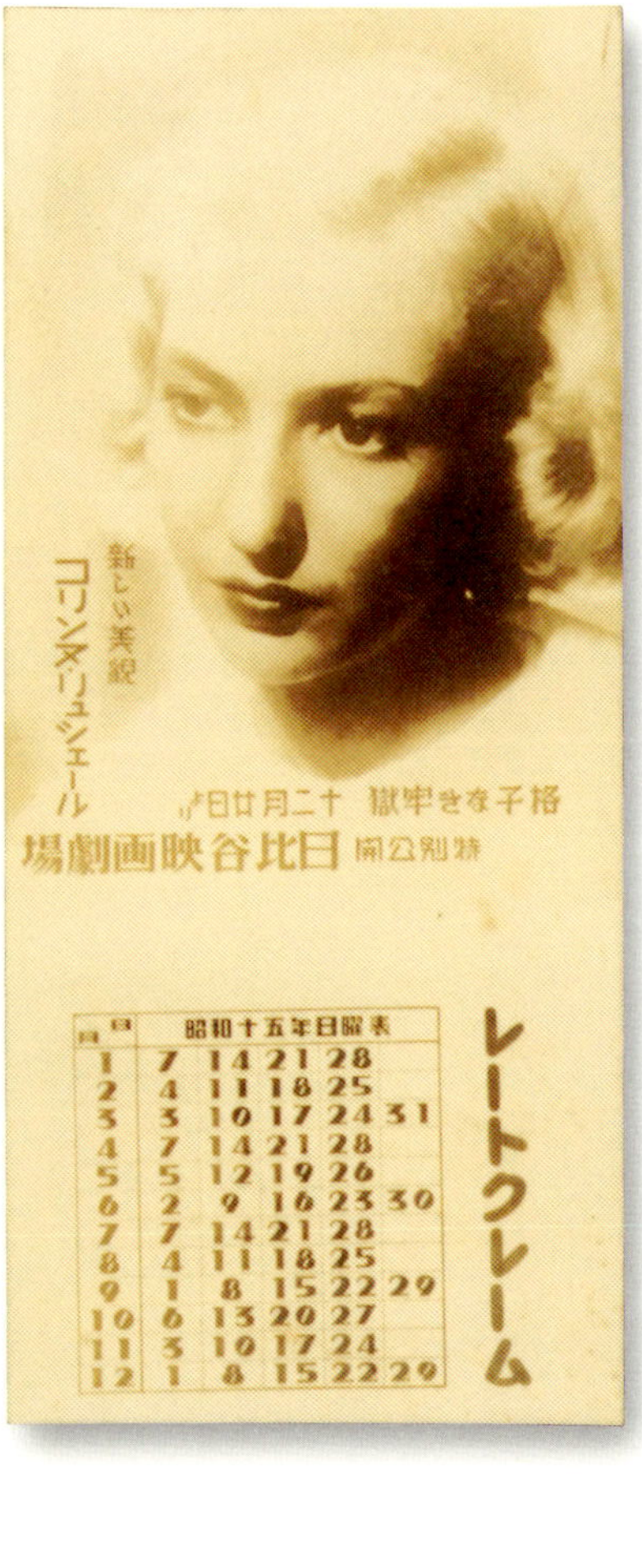
新しい美貌
コリンヌ・リュシェール
格子なき牢獄 十二月廿日より
特別公開 日比谷映画劇場
昭和十五年日曜表
月 日
1 7 14 21 28
2 4 11 18 25
3 3 10 17 24 31
4 7 14 21 28
5 5 12 19 26
6 2 9 16 23 30
7 7 14 21 28
8 4 11 18 25
9 1 8 15 22 29
10 6 13 20 27
11 3 10 17 24
12 1 8 15 22 29
レートクレーム

02-20

02-19

【02-17】詳細不明。おそらく観光みやげなどで一般市販されていた組み物の一枚と思われる。

【02-18】化粧品業界で、大正期から終戦まで、「東のレート、西のクラブ」と謳われた両雄の一角、各種のレート化粧料を製造販売していた平尾賛平商店のヒット商品「レートクレーム」は、肌荒れ防止の化粧クリーム。このしおりは「レートクレーム」の一行広告を掲載した東京の封切映画館「日比谷映画劇場」のもの。『格子なき牢獄』は1938年制作のフランス映画。日本での初公開が昭和一四年（1939年）一二月なので、下欄の日曜カレンダーが昭和一五年のものになっているのだろう。薄幸の女優コリンヌ・リュシェールのデビュー作だった。

【02-19】「ウオーター百選」「初夏」、「焼ける砂浜〜」、下欄にうっすらと「スキーゆかた」、その下に「川崎弘子」などの文字が見える。「川崎弘子」は昭和四年（1929年）に松竹からデビューした女優。その川崎弘子をイメージソースとして描かれたものと思われるが、「スキーゆかた」「ウオーター百選」などは詳細不明。

【02-20】次ページ掲載の三枚の外袋。

02-22

02-21

02-23

02-24

【02-21】【02-22】【02-23】41ページに掲載の『美人しおり　原色版』とある外袋とともに発見された。三枚しか入っていなかったが、数枚使用された残りと思われる。ヴァイオリン、洋傘などの小道具が目を引くが、制作時期を特定するには不十分。一方、「原色版」という表現は、大正期に国内でも始まった凸版印刷技術によるカラー印刷手法のこと。これが各地の絵葉書など観光みやげにまで普及したのは大正後期から昭和初期と思われる。

【02-24】「勝川春章　画」と、江戸時代中期の浮世絵師の名が記されている。脇に川柳で「蒸し暑さ　嫁　縁側で　風を入れ」とある。昭和二六年（1951年）から五年間ほど発行されていた戦後の性風俗誌『月刊　あまとりあ』の宣伝がウラ面に印刷されている。「人生のあらゆる面に現れたセックスとエロチズムを興味深く納得ゆく迄追求する本邦唯一の専門誌」と謳い、定価は一〇〇円とある。岩波文庫が星ひとつのもの三〇円、コロッケ一個が五円の時代には、かなり高額だった。

02-25

02-26

【02-25】上端に「新訳中学英和辞典／中等和英新作文」の文字、下左端に「東京　東雲堂発行」とある。東雲堂は、明治末期に石川啄木『一握の砂』を発行し、大正期には北原白秋の第一歌集『桐の花』や、その交流から「パンの会」を中心にした白秋主宰の文芸誌『朱欒（ざむぼあ）』も発行した出版社。そうした人脈から、装幀にも優れたものがある。『新訳英和辞典』の書名では、三省堂から明治二二年（1889年）に出版されて大正期まで版を重ねていた先行書があるが、東雲堂社主で歌人でもあった西村陽吉（辰五郎）は、その三省堂との関係も伝えられている。当時の英和辞典はオリジナルで日本人が執筆するものではなく、海外文献を翻訳するものだった。

【02-26】これも『新訳英和辞典』とあるが、こちらは「東京　大倉書店」の発行。明治二一年（1888年）には『附音挿図　和訳英字彙』の書名で英和辞典を発行している出版社。この『新訳英和辞典』は特価一円五〇銭とあり、「ポケット型」というキャッチフレーズは、明治、大正期の小型本の表現「袖珍（しゅうちん）本」に代わる新時代の表現として、大正期半ばころから広まった。

02-27

02-28

少女の友十二月號お便り
少女の友六月號お便り
少女の友十月號お便り
少女の友十月號お便り

02-29

少女の友十一月號お便り
少女の友五月號お便り
仰げ日の丸我等の心
少女の友五月號お便り
少女の友三月號お便り

02-30

02-31

02-32

◉46ページから連続して、実業之日本社が発行していた雑誌『新女苑』と『少女の友』のしおりをまとめた。『少女の友』は一世を風靡した少女雑誌としてあまりにも著名だが、『新女苑』はその姉妹誌として、年長の女学生向けに発行されていた。これらのしおりは原則として、毎月、その月号の表紙画を使用して作られていた。この時期の『新女苑』の表紙画は、ほとんどが小磯良平によるもの(いくつかはサインも明確に写っている)。一方、『少女の友』は、軍部の圧力によって昭和

02-33

一五年（1940年）六月号で中原淳一が降板するに至るまでの数年間が特に有名。（第3章「淳一」参照）

【02-27】【02-28】昭和一五年（1940年）から昭和一八年（1943年）にかけての『新女苑』しおり。上部のキャッチフレーズが、「女学校上級生の教養雑誌」とあるのが昭和一五年初頭までのもの。それ以降は戦意高揚に合わせて「新しい女性の教養の為に」に変更された。

【02-29】【02-30】前項とほぼ同時期の『少女の友』しおり。中原淳一の表紙画が軍部の圧力で消えたあとの表紙がどのようなものであったかがわかる。「仰げ日の丸我等の心」の文字も見える。

【02-31】【02-32】昭和一二年（1937年）から一四年（1939年）までの『新女苑』しおり。

【02-33】昭和一五年一月号の『新女苑』しおり。

【02-34】榛原（はいばら）は江戸時代から東京・日本橋で営業している紙店。大正期、昭和初期に絵封筒、便箋、うちわなどオリジナルデザインに一流の画家を使っていることでも知られている。

【02-35】「S.S.」と署名がある。図柄は、明治末から大正にかけてのデザイン。

【02-36】すずやかな女性が描かれているが、詳細不明。月に雁の団扇、滝と紅葉といった風景を入れた典型的な美人画。

02-34

02-35

02-36

淳一

ここには、昭和の一時期に日本の乙女たちの心を捉えた中原淳一の作品を特集した。特に大半を占める『少女の友』のしおりは、雑誌の表紙を飾ったものがそのまま使用されているので、「題号」や「特集内容紹介」などの文字が埋め込まれていないオリジナルの状態が鑑賞できる。戦後の中原淳一の仕事は一段と広い分野にわたったが、それらのいくつかも見ることができる。

03-03

03-02

03-01

03-06

03-05

03-04

03-09

03-08

03-07

03-11

03-10

◉中原淳一は、昭和一〇年（1935年）一月号から、実業之日本社発行の『少女の友』の表紙を手掛け、それは昭和一五年（1940年）の六月号まで続いた。軍部の干渉による不本意な降板だった。本書52ページから55ページまでに掲載したのは、『少女の友』の販売促進用に作成された「しおり」で、毎月の表紙画をあしらったもの。下半分には、その月のカレンダーが付されていることが多かったが、まれに宣伝文がそれに代わった。学校の正門前などで配布されていたと言われている。

◉淳一時代の表紙は資料も揃っており、すべての月号が判明しているので、以下、図版番号順に「年・月」を記す。夏期、歳末に発売月号とカレンダーに異同が散見されるのも、興味深い現象である。

◉「一〇・一二」「一四・一二」「一四・一一」「一二・八」「一三・一二」「一三・一」／「一四・六」「一三・七」「一二・二」「一二・一二」「一四・一〇」／「一五・四」「一四・七」「一一・一〇」「一五・六」「一五・五」「一三・五」／「一二・六」「一四・二」「一五・二」「一五・三」「一五・一」

03-12

03-13

03-14

03-15

03-16

03-17

03-20

03-19

03-18

03-22

03-21

03-24

03-23

03-25

03-26

花のおとめ
妙に清らの、あゝ、わが児よ
つくづくみれば、そゞろ、あはれ
かしらや撫でて花の身の
いつまでも かくは清らなれと
いつまでも かくは妙にあれと
いのらまし、花のわがめぐしご
上田敏
わすれなぐさ
ながれのきしのひともとは
みそらのいろのみづあさぎ
なみ、ことごとく、くちづけし
はた、ことごとく、わすれゆく
罌　粟
やわらかに
萌えいでぬ……

03-27

午後の月
徐々と ほの白く
木の間がくれに月昇る
一片の雲のごと輕やかに
なほ碧く大空によぞ昇り且つ漂ふ
七月
八月
九月

03-28

【03-23】淳一作品ではないと思われるが、詳細未詳。

【03-24】「1939」の文字が「JUN・ICHI」の脇に見える二つ折りカード状のしおり。昭和一四年（1939年）のものだろうか。

【03-25】詳細未詳。

【03-26】「淳一 絵」とある以外、手がかりがない小型のしおり。

【03-27】おそらく四枚一組だったのではないかと思われる抒情詩しおり。詩は、右から順に北原白秋『罌粟（けし）』、上田敏『花のおとめ』、上田敏『わすれなぐさ』、と題されているが、白秋の詩は『思い出』所収「断章」第四十七連として発表されたもの。上田敏の二作品はどちらも明治期に出版された訳詩集『海潮音』所収だが、女学生に語り継がれ、特に『わすれなぐさ』は吉屋信子が昭和七年に『少女の友』に連載した同題の少女小説に使われて、より人気が高まった。

【03-28】慰問用絵葉書「乙女十二ヶ月」の一枚を切断し、使用者がしおりとしたもの。「午後の月」は、堀口大學の訳詩集『月下の一群』に収められたフェルナン・グレーグの詩。大學訳が全文掲載されている。

少女雑誌の読者世界

——同じ「ふろく」を持つシアワセの意味

◉「少女」とは、子どもという群れの中から「少年」が抜け出していったときに残された女の性の、「子ども」に貼られたラベルのことだ。少女と少年は、ときには手を携えながら、それぞれ独立した固有の文化を作り出して歩み続けてきた。——もちろんそれは最近百年ほどのこと。言い変えれば「近代以降の歩み」ということになる。

近代の市場社会は、まず「子ども」を発見し、次いでその男女を分化した。中等教育から女子は締め出され、「少年」向け雑誌からも「少女」の居場所がなくなった。そこで少女のための特別な場所が必要になった。一八九九年の「高等女学校令」に始まった「女学校」は、そのためのモラトリアムの場にほかならなかった。「女学生」は「(旧制)中学生」と異なり、将来のエリートコースとは繋がらない、宙吊りの存在だった。

◉おもしろいことに、その女学生をターゲットにした少女雑誌群は、彼女らと独特の浮遊感を共有していた。創成期(一九〇二年頃)に掲げられていた「良妻賢母」像はほどなくして無化され、小説の増加する中間期を経て、唯美的に少女時代の「特権」を描くようになる。少女雑誌の黄金期と呼ばれる昭和十年代(一九三五~四四年)が象徴的だ。少女時代の特権とは「現実との乖離」「刹那性」「死への憧れ」などだが、『少女の友』創刊号に掲載された「発刊の辞」から、それらの実態が浮かび上がる。

少女の時代ほど愛らしくもあり、また恐ろしきものはありません。如何なる色にでもすぐに染まり易く、また一たび染まつた悪習慣は容易に抜け出すことが出来ません。(略) 依て我社は最良の婦人雑誌『婦人世界』の妹雑誌として、少女の為に、面白く、且有益なる『少女の友』を発行するに至りました。此「友」こそ実に我少女を導いて、やさしく、うるはしく、人に敬愛せらるる婦人となるに無二の師友であると信じます。

明治四十一年二月　実業之日本社

◉初代編集主筆であり詩人の星野水裏によるこの声明から私がとりわけ感銘を受けるのは、「師」でなく「師友」という表現だ。書き手でもあった編集者たちは、『少女の友』が、ともに学び語り合う共有の場であること暗示している。

◉共有の証は、川村邦光によって「オトメ共同体」と定義された読者投稿欄のような、具体的なコミュニケーションにとどまらない。川端康成や吉屋信子による小説、詩、マンガ、グラビア写真やおしゃれ指南、ブック・レビューといった多様な記事に登場する事物(データベース)そのものが、『少女の友』読者たちをつなぐ「夢の世界を生きるためのアイテム」だったのだと思う。

◉たとえば川端康成の連載小説『乙女の港』では、少女たちが仔牛の名前を考える際に、

「アンドレ・ジイドの『狭き門』のアリサ。」

「まあ、『ポオルとヴィルジニイ』を読んで?」

「ええ、お兄様の『岩波文庫』やなんか、みんな読むの。」

といった会話を交わし、読書体験が共有されていることが示される。「レビュウのスタア」や映画のタイトル、横浜のニューグランドホテルのような地名も登場する。

◉私が当時の読者だったならば、すぐに書

高野麻衣

店で岩波文庫の棚を探すだろう。「『乙女の港』逆ロケハン」とでも称して、横浜の街を訪れ、紹介された本を読み、映画に、音楽会にと、出かけて行くだろう。

◉実際、私自身の十代も、そんなふうに明け暮れていた。私が生まれたのは昭和の末で、購読誌は『りぼん』や『コバルト』、後期の『オリーブ』だったけれど、憧れの世界を引き寄せようとする情熱は、戦前の少女たちも変わりがない。少女マンガからクラシック音楽に傾倒したかつての私自身と見まごうような読者も見つけた。

▲平井先生の月光の曲のお話を読んで、再び感激させられました。（略）本を閉ぢつと目をつむると第九交響楽の合唱が響いて来るやう（略）（東京　徳永勢子）

◉「月光」や「第九交響楽」という固有名詞を眺めているだけで、あるいは、雑誌とつながるなにかを身につけるだけで幸せ、という感覚。これは、少女特有の教養主義――教養のアクセサリー化だ。こうして見て行くと、中原淳一のしおりやレターセットのような付録が、読者の「必携」であったことも、容易に想像がつく。森ガールにとってジャック・ドゥミの映画が、ロリータにとって嶽本野ばらの小説が、ギャルにとって西野カナの音楽が必携であるように――。

◉『少女の友』創刊から百年あまりを経て、少女雑誌もファッション、ライフスタイル、漫画といった分割を余儀なくされ、それぞれのジャンルでの多様化が進んだ。ニッチを見つけては拡大するばかりだった少女文化マトリクスも行き詰まったのか、最近ではポーチやエコバックの「付録」でパンパンに膨らんだ醜い雑誌ばかりが目に付くようになった。街角で同じ「付録」を下げた女性たちが居合わせる場面の、なんというみすぼらしさ！

◉そんな折、少女マンガ誌『コーラス』がある小冊子を付録にした。その名も「乙女こーらす」。淳一の系譜を継ぐイラストレーター高橋真琴の少女画を表紙に、高橋と連載作家による対談、エッセー、少女小説のコミカライズという丁寧な内容。ゆえにこの「付録」は私の周囲でもたびたび話題になり、ツイッターでは連鎖するように乙女たちの「必携」になっていった。このとき私ははじめて、「同じ付録を持つ」ことをすてきな「共有」として体感した。

◉少女にとって、雑誌は「世界」だ。いつの時代も人は愛したものをもっと知り、共有し、語り合いたいと願う。その時、大切なのは性の別でも知識の量でもない。「キライを論破することで、自分の居場所を得る」のではなく、「ダイスキの共有によって、自分の生きる世界を美しくしたい」と思えるか――まさにしおり一枚が、世界とつながる鍵となるか否かだった。

◉時代が変わって出版が危機的状況にあるとされて久しいが、それでも、少女雑誌の作り手の情熱と読者の切実な願いが薄れることはない。「しおり」が作りだした「共有」の世界に代わるものを、私たちは今もまだずっと、夢にみている。

（※引用はすべて遠藤寛子、内田静枝編『「少女の友」一〇〇周年記念号』による）

おとなしくて、どこかロマンチックな感じのワンピース。

ジャンパー・スカーんな型にすると、パーのドレスになります。

風景

ここでは風景がモチーフとなっているものを中心とした。特に「昭和の広重」と称えられる吉田初三郎の描く大パノラマ図の見事さには驚く。鉄道切符の半券に付されていたしおりでは具体的に沿線風景が描かれているが、架空の風景をイメージとして描いたものも多かった。なかにはいわゆる「泰西名画」の模倣もあっただろう。多くの一般庶民が思い描く風景の典型をそこに見ることができる。

多摩御陵
登戸
立川
府中
国分寺
谷保
武蔵溝ノ口
武蔵中原
向河原
矢向
尻手
川崎
新宿
東京
品川
上野
東北方面
ドック
多摩川の春

04-01

南武鉄道圖繪

04-02

04-04

04-03

【04-01】大正期から戦後まで、鳥瞰図絵師として活躍した吉田初三郎による『南武鉄道図絵』。初三郎流の独自にデフォルメされた壮大な鳥瞰図に、開通したばかりの南武鉄道が描かれている。路線図は「川崎〜登戸」が実線で、その先「立川」までが破線になっているので、昭和二年（１９２７年）三月の部分開通時の記念とわかる。立川まで延伸されたのは、二年半後の昭和四年（１９２９年）一二月だった。南武鉄道は昭和一九年（１９４４年）四月に国有化され、現在はJR東日本の南武線となっている。

【04-02】折りたたんだ状態の『南武鉄道図絵』表紙。

【04-03】大パノラマ図の両端には、「しおり」が描かれている。これは右端のもの。「多摩川の春　初三郎」とあり、しおり紐までが描かれて遊び心あふれる作品となっている。

【04-04】同じく左端に描かれた「しおり」。「南武鉄道第一期線開通御栞」「初三郎」とある。

04-06

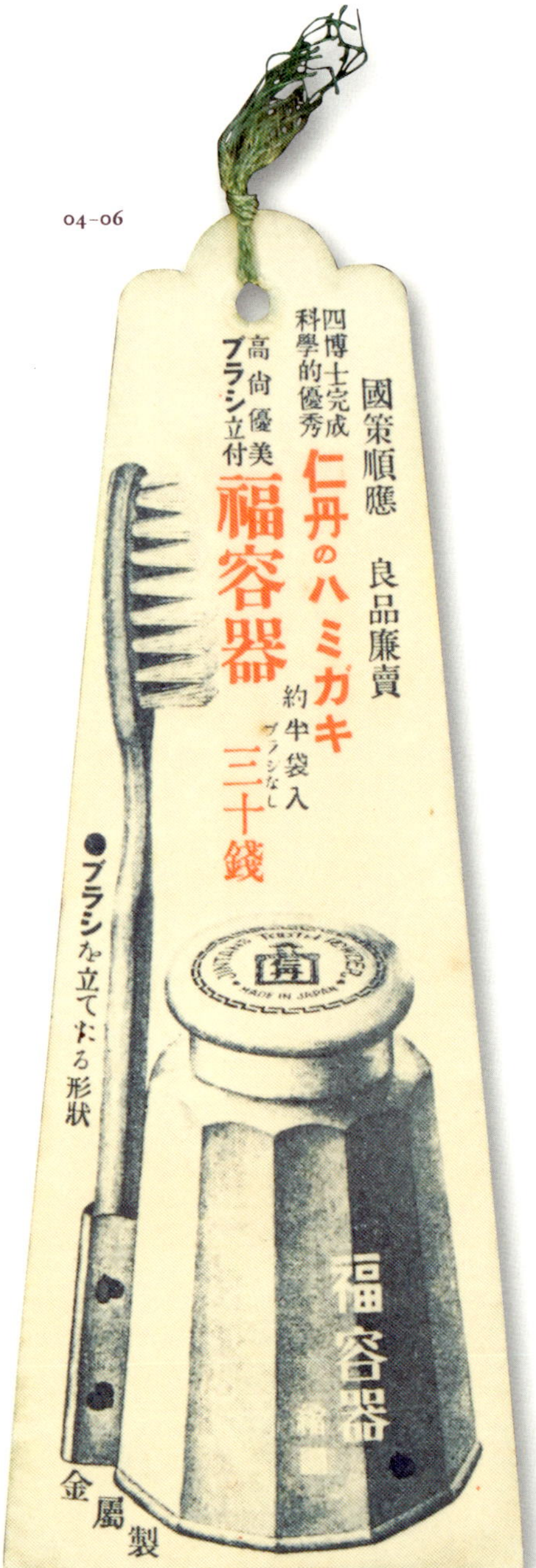
國策順應
良品廉賣
四博士完成
科學的優秀
仁丹のハミガキ
約半袋入
ブラシなし
三十錢
高尚優美
ブラシ立付
福容器
●ブラシを立てたる形状
金屬製
福容器

懐中良薬
消化と
毒けし
仁丹

04-05

04-07

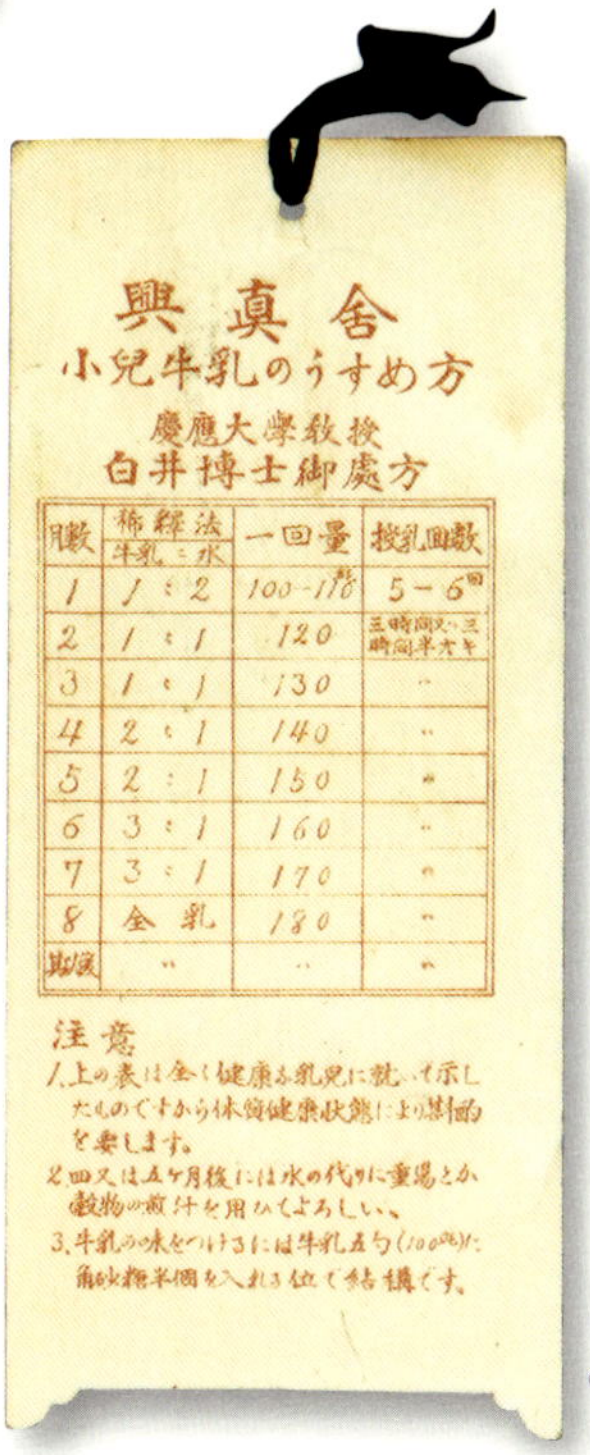

04-09

04-08

【04-05】明治期に『毒滅』を売り出した「森下博薬房」は、今でも口中清涼剤の代名詞として残る「仁丹」を明治三八年（1905年）に発売して以来、急成長した。ここに書かれたキャッチフレーズ「懐中良薬」「消化と毒けし」は、おそらく大正期から昭和初期のもの。薬効を謳っていた。

【04-06】「仁丹」は、創業以来の予防医学重視の立場から、『仁丹体温計』に続き大正一一年（1922年）には『仁丹ハミガキ』を発売。通常容器はアルミを用いた容器の先駆けとされているが、この「歯ブラシ立て付き」がいつごろ売り出されたかは未詳。当時のハミガキは、現在のようにチューブから押し出す「練り歯磨き」ではなく、「歯磨き粉」をブラシになすりつけるタイプだった。

【04-07】右下に「グリコ」の表示があるが、これは「江ノ島・鎌倉観光記念」しおり。「江ノ電」で親しまれている鉄道の路線図が付され、海岸通りを走る電車も描かれている。

【04-08】【04-09】「興眞舎」は明治三九年（1906年）に東京・小石川で創業の「興眞舎牛乳店」。昭和二年（1927年）に販売を興眞牛乳株式会社（現在の「コーシン乳業」）としたが、翌年、千葉県八千代市に広大な「興眞舎牧場」を設置、生産体制を再構築したので、このしおりはそれ以降のものだろう。上の写真が本社社屋、下は牧場。

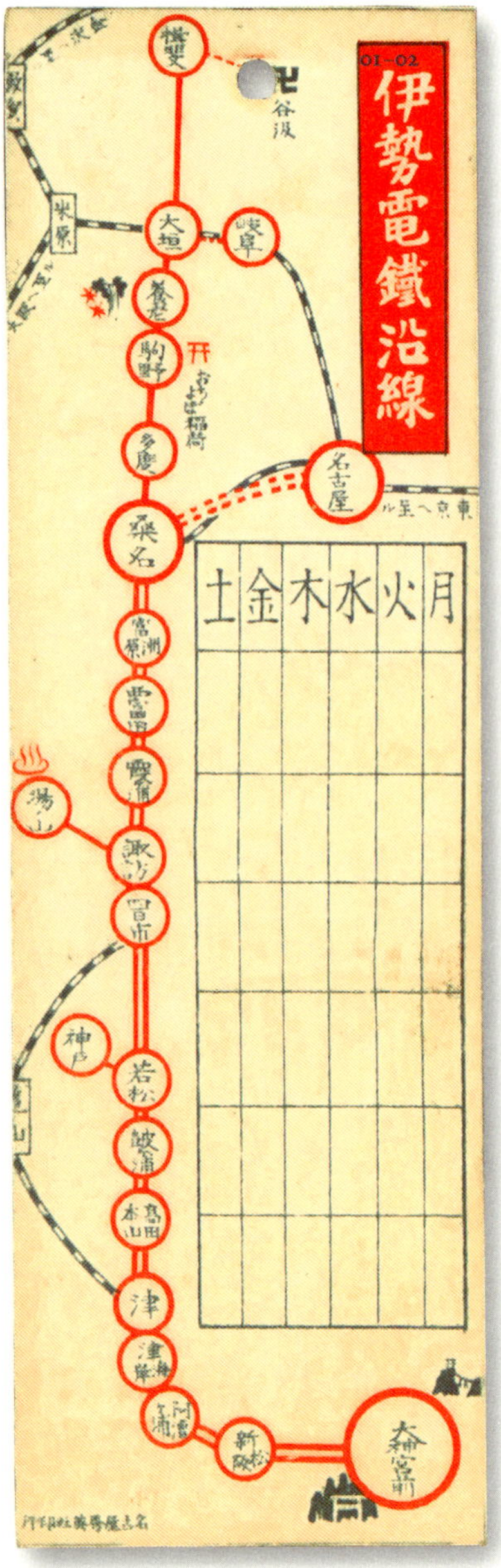

04-12

04-10

04-11

04-13

04-15

04-14

【04-10】「京都名所遊覧乗合自動車」は、京阪電鉄が昭和四年（1929年）に設立した京都案内の観光バス会社。おそらく戦時体制による旅行自粛が全国民に浸透するようになる昭和一〇年代半ばまでの活動だったと考えられる。これはその観光記念しおり。

【04-11】【04-12】同じしおりのウラ・オモテ。伊勢鉄道が電化により「伊勢電気鉄道（略称＝伊勢電鉄）」に改称されたのは大正一五年（1926年）だが、沿線路線図の延伸具合から、昭和五年（1930年）頃の、伊勢電鉄乗車記念しおりと思われる。

【04-13】大正の初めに「日本水彩画協会」が発足して水彩画が大衆的になり、画材店も多くなったが、「サクラギ水彩絵具」に関しては未詳。

【04-14】「愛電沿線　潮干狩記念」とある。愛電は、明治四五年（1912年）開業の愛知電気鉄道。昭和一〇年（1935年）に企業合併により消滅し、現在は名古屋鉄道・常滑（とこなめ）線となっている。知多半島に伸びる潮干狩り場は開業当時から有名だった。このしおりは、岐阜県武儀郡高等女学校（現在は県立関高等学校）の昭和三年五月五日の日付・名入りの記念品である。

【04-15】「まるいちクレーオン」については未詳。「まるいちクレヨン」と表記された広告も散見され、表記は一定していない。

日本八景
日本二十五勝に當選を祝します
日本百景
東京日日新聞社

04-17

祇園祭
吉井勇歌集より
鉾はたと　止まれど
しばし
胴懸《どうかけ》の
天竺布《てんじくぬの》は
揺れ
やまずして。
極東　KYOKUTO　ノート

04-16

小學
算術
おさらひ帳

04-18

【04-16】「祇園祭」を描いた、おそらく戦後のしおり。極東ノートは、昭和三〇年台の小学生の間での人気商品だった。吉井勇は大正・昭和の代表的歌人のひとり。とりわけ祇園をテーマにした短歌が有名なので、京イメージの場にはしばしば登場している。

【04-17】昭和二年（1927年）に大阪毎日新聞社と東京日日新聞社の主催、鉄道省の後援で国民投票の末に選定されたのが「日本八景」。選に漏れた景勝地を「日本二十五勝」「日本百景」として選定した。このしおりは、そうした選定結果と新聞の販売部数拡張キャンペーンとを連動させたものと思われる。

【04-18】「小学算術おさらひ帳」という書が、大正期に実業之日本社から発行されている。その附録しおりと思われる。

こどもの世界

子どもが登場するしおりは、思いのほか多かった。食品、薬品はもちろんのこと、教育熱が盛んになった大正期以降、書籍や情操教育に関連した商品、あるいは、博覧会、展示会などのイベントにも、かわいらしい子どもたちの姿が表現されるようになる。その服装からは、当時の実際の子どもたちの一般的な身なりよりは少し理想化された、親たちの夢も見えてくるようだ。

05-02

05-01

【05-01】「はらくだり」は「下痢」のこと。大阪の「谷 回春堂」の『固腸丸』は成人用の商品が大正期にはかなり知られていて、この「小児用」は姉妹品。漢方薬の一般名称のようで、今でも類似名称が中国製にも見られる。図柄は「カチカチ山」。いたずら者のタヌキをウサギがこらしめる場面。下痢をこらしめるイメージだろう。

05-03

05-04

05-05

【05-02】『ラクトーゲン』は、「コナオチチ」とあるように、「粉ミルク」の一種。おそらく明治期の半ば過ぎ頃から三井物産によって輸入されており、「粉末純乳」「乾燥天然乳」など、時代によってキャッチフレーズが変わっている。この二枚のしおりは、大正期から昭和初期ごと思われる。販売は「乾卯食料品株式会社」。右のしおりでこどもが脇に抱え、左のしおりでテーブルに置かれている青い缶が『ラクトーゲン』。

【05-03】「東京　吉松仁平薬房　発売」の『小児解毒散』は、発売開始時期未詳。古くは「たいごくくだし（体毒下し）」ど謳っていたことが知られている。「これで安心　毒気なし!」ど書かれたこのしおりは、昭和一〇年前後のものかど思われる。

【05-04】この「本舗　阿波犬伏元貞」は、江戸時代に既に『阿波国　犬伏元貞薬房　敬震丹』として、行商を通じて全国に知られていた薬の製造販売元のことだろう。長く全国規模で販売されていたようで、図柄の二宮金次郎の膝のあたりには長野県松本市の販売店名がある。

【05-05】『仁丹ハミガキ　丸缶』は大正一一年（1922年）に一二銭で初発売されている。このしおり掲載商品の価格も、初発売当時ど同じ価格だが、パッケージ缶のデザインが簡素化されているようにも見える。昭和に入ってからの時代のしおりだろうか。

05-06

05-08

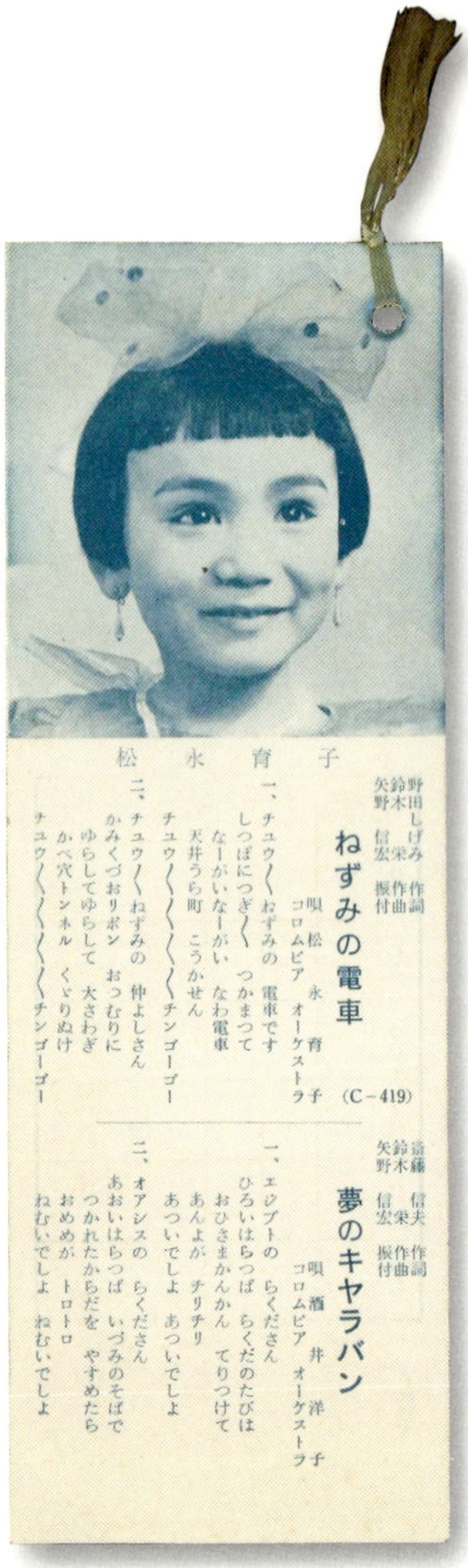

05-07

05-11

05-10

05-09

【05-06】65ページに掲載の『江ノ島・鎌倉旅行記念』しおりのウラ面。「グリコ」との提携。大正から昭和にかけての人気漫画のキャラクターが勢ぞろいしている。

【05-07】【05-08】戦後、昭和三〇年代と思われるコロムビア童謡レコードのしおり。右がしおりオモテ面で、レコードA・B面の歌詞が掲載されている。左が学校の授業の時間割が書き込めるウラ面。それぞれの歌手写真は、この時代の少女スターの典型的ポーズ・表情を示している。

【05-09】「日本楽器製造株式会社」（現在の「ヤマハ」）のオルガンは明治時代の初め、日本における西洋音楽受容期からあり、『山葉オルガン』は、明治・大正の「唱歌教育」とともに歩んできた。このしおりは、大正期に配布されたものだろう。

【05-10】「色白くなる　ハータ過酸化石鹸」については8ページ参照。

【05-11】『幼年倶楽部』は大日本雄弁会講談社によって大正一五年（1926年）一月に創刊された。「全国体育デー」は全国的に高まってきた体育に対する国民的関心に応えて、大正一三年（1924年）に制定され、明治天皇の誕生日であった一一月三日を祝して行われた。このしおりの制作年は、「体育」が国民的になった大正末～昭和初期のものと思われる。

05-13

05-12

【05-12】「郵便貯金　利子つけかた改正」とあるのは、昭和二年（1927年）七月一日から実施された新方式のことと思われる。こ

05-15

05-14

の頃「利子はこれまで預け入れの翌月から付けてゐましたが、十五日迄の預入金には、其の月から付けることになりました。／実施は昭和二年七月一日より」と、各郵便局にポスターで告知された。

【05-13】『エナソン靴』は、ゴム底の運動靴の一種と思われる。製造の「強力足袋株式会社」は大正八年（１９１９年）に埼玉羽生市にて創業の「強力地下足袋本舗藤倉久蔵商店」が昭和八年（１９３３年）に組織変更して設立された会社である。地下足袋製造の原料ゴムが入手困難となったことから、昭和一七年（１９４２年）「強力被服工業株式会社」に社名変更。現在も、ユニフォーム、反射ウェアなど製造販売の「有限会社ゴーリキ」として存続している。

【05-14】『愛国生命』は明治二九年（１８９６年）設立。戦時統合では存続した名称だが、昭和二〇年（１９４５年）三月に「日本生命」に包括移転して解散している。戦時下では、しばしばこうした「作られた一家団欒」の図像が提供された。

【05-15】『アサヒヨット印　学生服』は、「富士ヨット印　学生服」を製造販売している学生服大手メーカー「明石被服興業株式会社」が一時期販売していた別ブランドとの説が流布しているが、真偽は不明。いずれにしても、このしおりは戦後、昭和三〇年前後のものと思われる。

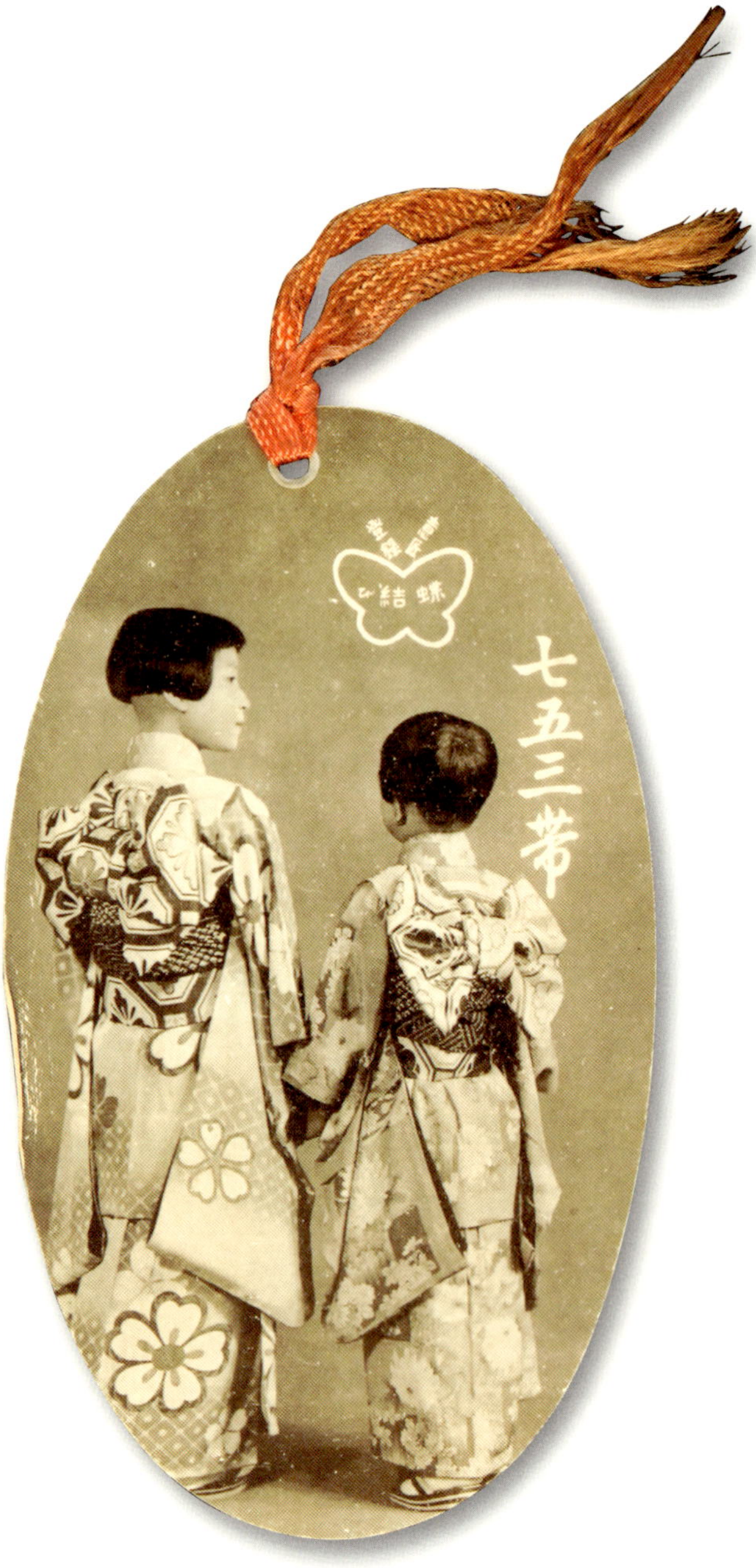
登録商標
蝶結び
七五三帯

05-16

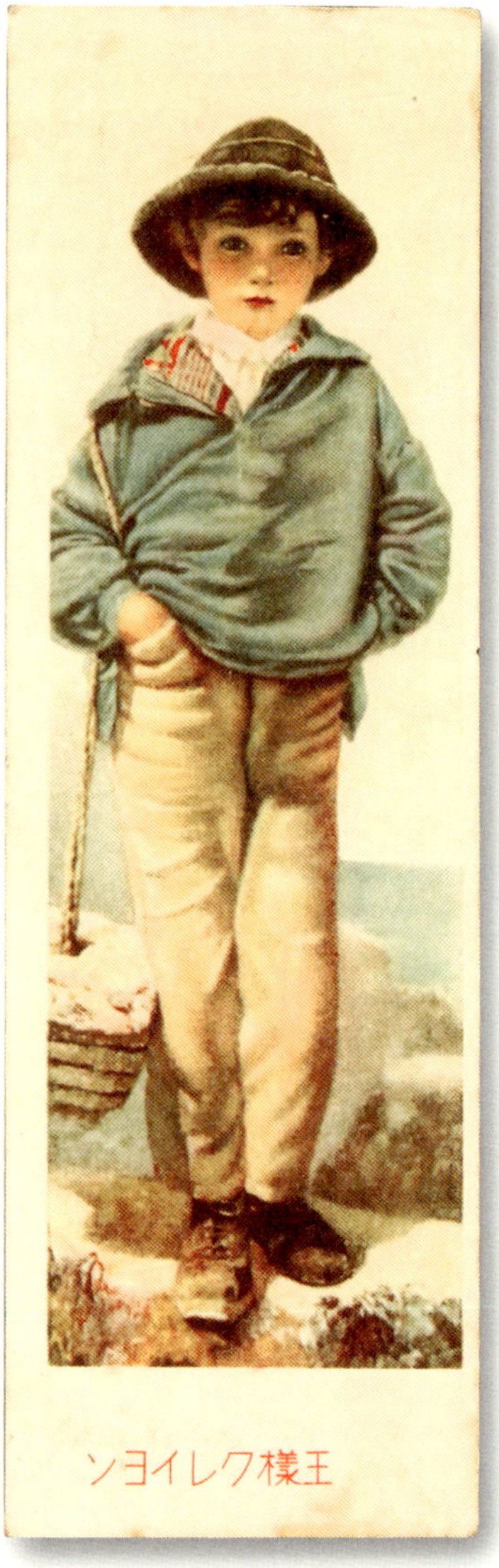
王様クレイヨン

05-17

05-19

05-18

【05-16】「意匠登録　蝶結び」とマークがある。女の子の七五三に合わせた宣伝用のしおりと思われるが、詳細未詳。

【05-17】『王様クレイヨン』については、39ページ参照。

【05-18】『王様クレオパス』とあるが、「クレヨン」「クレパス」は大正期から昭和期にかけて、表記が揺れており、何通りかある。この「クレオパス」も「クレパス」のことと思われる。現存する「王様クレヨン商会」の製品と思われるが、「クレオパス」の表記が使用されていた時期は未詳。

【05-19】『婦人子供博覧会』とあり、会場は「上野不忍池畔（しのばずのいけのはた）」、会期は「昭和三年七月一日より八月三一日マデ」となっている。開催時間が「午前八時より午后十時マデ」となっており、かなり朝早くから夜遅くまで行われていたことがわかる。

七月一日から
八月二十日まで
會場 京都市 岡崎公園
こども博覧會へ
皇孫殿下御誕生記念
サアくまいりませう
主催 大阪毎日新聞社
東京日日新聞社

05-20

第九回
兒童博覧會
七月一日ヨリ八月九日マデ
東京三越呉服店ニ於テ

05-21

05-23

05-22

【05-20】「皇孫殿下御誕生」の「皇孫」は、昭和天皇（当時皇太子）の長子、大正天皇の初孫である照宮成子内親王。大正一五年（1926年）夏に開催された。

【05-21】「呉服店」から「百貨店」への変革を明治三七年（1904年）に宣言した「三越呉服店」が、日本橋本店向かいの空き地、約七八〇坪を利用して「第一回児童博覧会」を開催したのは明治四二年（1909年）のこと。以来、折に触れて開催され、この「第九回」は大正一〇年（1921年）に開催されている。大規模な子供向け開発商品の展示即売会場として賑わったようだ。

【05-22】「横浜開港記念みなと祭」は、半世紀以上にわたって現在でも継続開催されている行事。このしおりが何年度のものか不明だが、戦後しばらく経った時期のものと思われる。

【05-23】大正末期から昭和初期にかけて流行し始めた「童謡舞踊」の衣裳とメイキャップのことと思われる。バラの花や蝶々の衣裳によるデフォルメは、昭和にかけての新時代の表現だった。

05-25

05-24

05-26

【05-24】『少年倶楽部』の三大連載漫画の主人公を「漫画三勇士」として盛り込んでいる。『冒険ダン吉』『のらくろ少尉』『日の丸旗之助』とあり、二等兵から出世してタイトルが変化して行った「のらくろ」が、少尉となったの

05-29

05-28

05-27

は昭和一〇年（1935年）のことだった。

【05-25】『アサヒグラフ』はグラフ週刊誌の草分けだった。大正一二年（1923年）九月に創刊されている。翌年には『婦人グラフ』という女性向けのグラフ雑誌が国際情報社から発行されている。この子どもを使った『アサヒグラフ』のメッセージは、「一家に一冊」を呼びかけているのだろう。

【05-26】男の子が小脇に抱えている雑誌の表紙には「ニッポンイチ　日本幼年」と書かれている。『日本幼年』は東京社が大正四年（1915年）から大正一二年（1923年）頃まで発行していた雑誌。『コドモノクニ』に受け継がれて廃刊となった。創刊号の広告から「日本一の日本幼年」と謳っている。

【05-27】教育熱の高まりによって昭和二年（1927年）あたりから数年間で浸透して行った尋常小学校各学年別、前・後期別の独習書シリーズが、「学習社」による『全科学習書』。当時の「全科」は、修身、読み方、書き方、綴り方、図画、手工、唱歌、遊戯、算術の九教科だった。

【05-28】「雑誌は大日本雄弁会講談社」と書かれているのみ。制作年不明だが、野球少年の図像からすると、子どもたちに野球熱が高まった昭和初期のものか。

【05-29】前項と同じ大日本雄弁会講談社のしおり。こちらには「日本一の幼年倶楽部しをり」とある。

05-30

05-32

05-31

05-33

【05-30】戦後の学年別学習雑誌は、昭和三〇年代には講談社が『たのしい〇年生』を発行して競合時代に入ったが、それまでは、小学館の『小学〇年生』が唯一のものだった。これは「小学四年生6月号付録」とあるが、制作年は不明。

【05-31】詳細未詳。

【05-32】「学習社」(81ページ参照)のしおり。標題がクイズ形式になっており、旧仮名遣いの「ゼン」「クワ」「ガク」「シフ」「シヨ」を空欄に当てはめることで『全科学習書』となる。昭和初期のものと思われるが詳細不明。

【05-33】子ども雑誌のしおりではないかと思われるが、広告文、発行元などの記載がない。犬と子どもが桜の下でボート遊びをしているという季節感の強調があるところから、雑誌であれば四月くらいのものだろう。

05-36

05-35

05-34

05-39

05-38

05-37

05-42

05-41

05-40

【05-34】【05-40】【05-41】実業之日本社が明治四四年（1911年）に創刊した『幼年の友』の「マメシチリ」。「キヨシ」のサインが見える。しおり外周の不均等さなどから、雑誌の綴じ込み付録を持ち主個人が分割したものではないかと思われる。

【05-35】【05-36】【05-42】これは、前項と同じ『幼年の友』の「ナカヨシシチリ」と名づけられたもの。「SUI」のサインが見える。

【05-37】昭和二八年（1953年）九月から昭和三二年（1957年）一二月まで発行されていた集英社の雑誌『幼年ブック』の人気連載漫画『さいころコロ助』は、益子かつみ作画。

【05-38】『花のトンネル』と題して、日記のような文章が載っているが、意味不明。左下にある長野県の書店名は、スタンプによる押印。発行元が全国の書店に販促用として配布したものだろうか。

【05-39】下端に「私たちの幼年倶楽部」とある以外、何も記載がない。少年の弾くマンドリンに合わせてウサギがダンスをしている図像からは、大正から昭和初期にかけての流行を想起させる。

—(少女倶樂部増刊記念しをり)—
連載漫畫の人氣者
モン平
雪夫君
てるてる天助
吉本三平
田河水泡
畫

05-43

—(少女倶樂部増刊記念しをり)—
連載漫畫の人氣者
どりちゃん
オセンチ姉さん
倉金良行・畫

05-44

05-45

05-46

05-47

【05-43】大日本雄弁会講談社発行の「少女倶楽部増刊号記念しおり」と表示されている。「連載漫画の人気者」として挙げられた内、「雪夫君」は田河水泡作画の『従軍記者の窓野雪夫さん』、「てるてる天助」は吉本三平作画の『てるてる天助』。吉本三平は昭和一五年（1940年）に四一歳で急逝している。昭和一二年（1937年）前後のものか。

【05-44】前項と同じく「連載漫画の人気者」だが、こちらは『ごりちゃんバンザイ』『おセンチ姉さん』。作画はどちらも倉金良行だが、戦後に『あんみつ姫』で大ヒットする倉金章介と同一人物と思われる。倉金は昭和一〇年（1935年）に『少女倶楽部』でデビューしたが、昭和一六年（1941年）に出征し、戦後復員するまで休筆していた。

【05-45】「幼年の友　ノリモノシチリ」。武井武雄の画風を思わせるが「さんぺい」とある。

【05-46】サインから「岩田専太郎」の子ども絵。専太郎は昭和初めから戦中にかけて少女画も描いていた。

【05-47】「日本一の幼年倶楽部」とあるが、詳細未詳。

【05-48】葉書大の雑誌附録と思われる。切り取ってしおりとするもので、紐を通す穴も描かれている。『少年少女美談』はヨウネン社が発行していた月刊雑誌で、創刊は大正一一年（1922年）。昭和五年（1930年）まで発行されていたようだ。

05-48

時間割とカレンダー

無料で配布された「しおり」が捨てられないための工夫として、最も一般的だったのが、授業の「時間割」と「カレンダー」とすることだった。書き込みのある「時間割」からは、当時の授業構成の一端が見えておもしろい。一方、カレンダーには回転盤で通年式になっているものが見受けられる。どれも同じ方式になっているのは、実用新案で製造元が共通だからだろう。

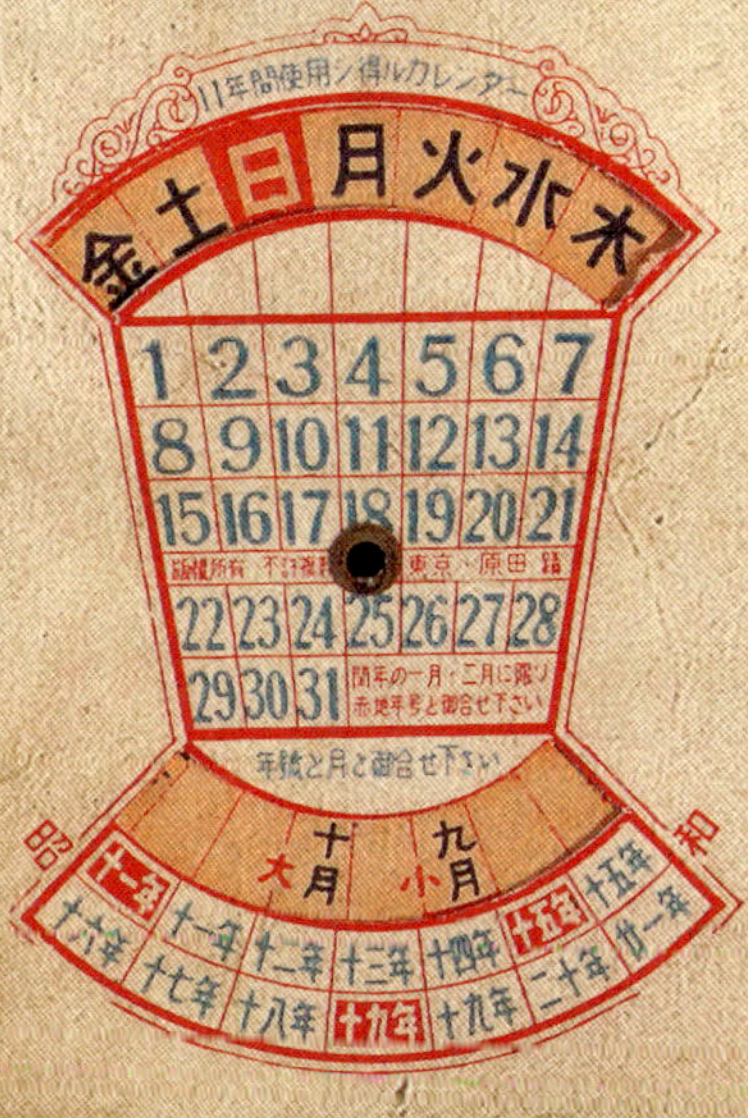

06-04

06-02

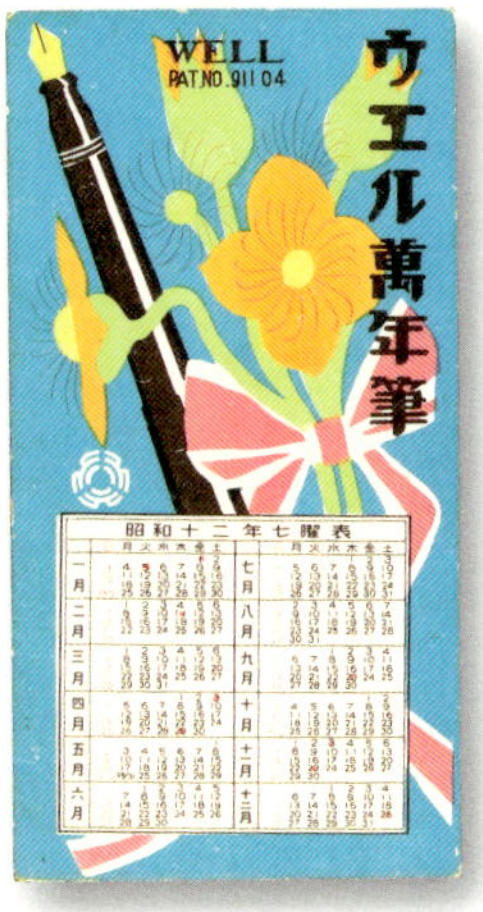

06-05

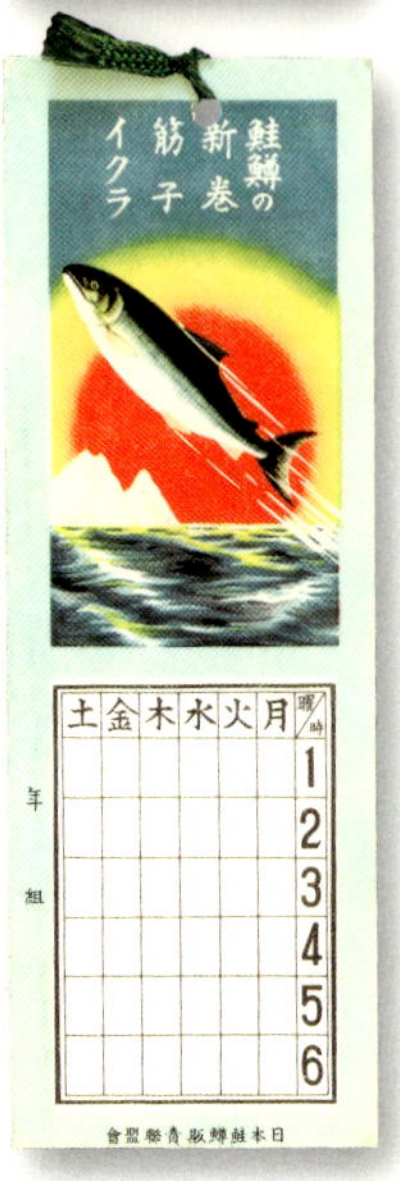

06-03

06-01

【06-01】「結核予防デー四月二十七日」と上部にあり、欄外に「新潟県結核予防協会」とある。「財団法人結核予防会」が設立されたのは昭和十四年（1939年）五月のことで、各県に支部も設けられた。この「結核予防協会」は明治期から活動していた半官半民組織。

【06-02】数え唄風の表現中に「六かしから七だかい正野八く店の九すり」＝「昔から名高い正野薬店のクスリ」とあるのは「万病感応丸」。近江商人の手で江戸時代から広まっていた。滋賀県蒲生郡日野町にある旧正野薬店の土蔵は大正時代に建築され、国の重要文化財に指定されているが、しおりの詳細は未詳。

【06-03】下欄に「日本鮭鱒販売連盟会」とあ

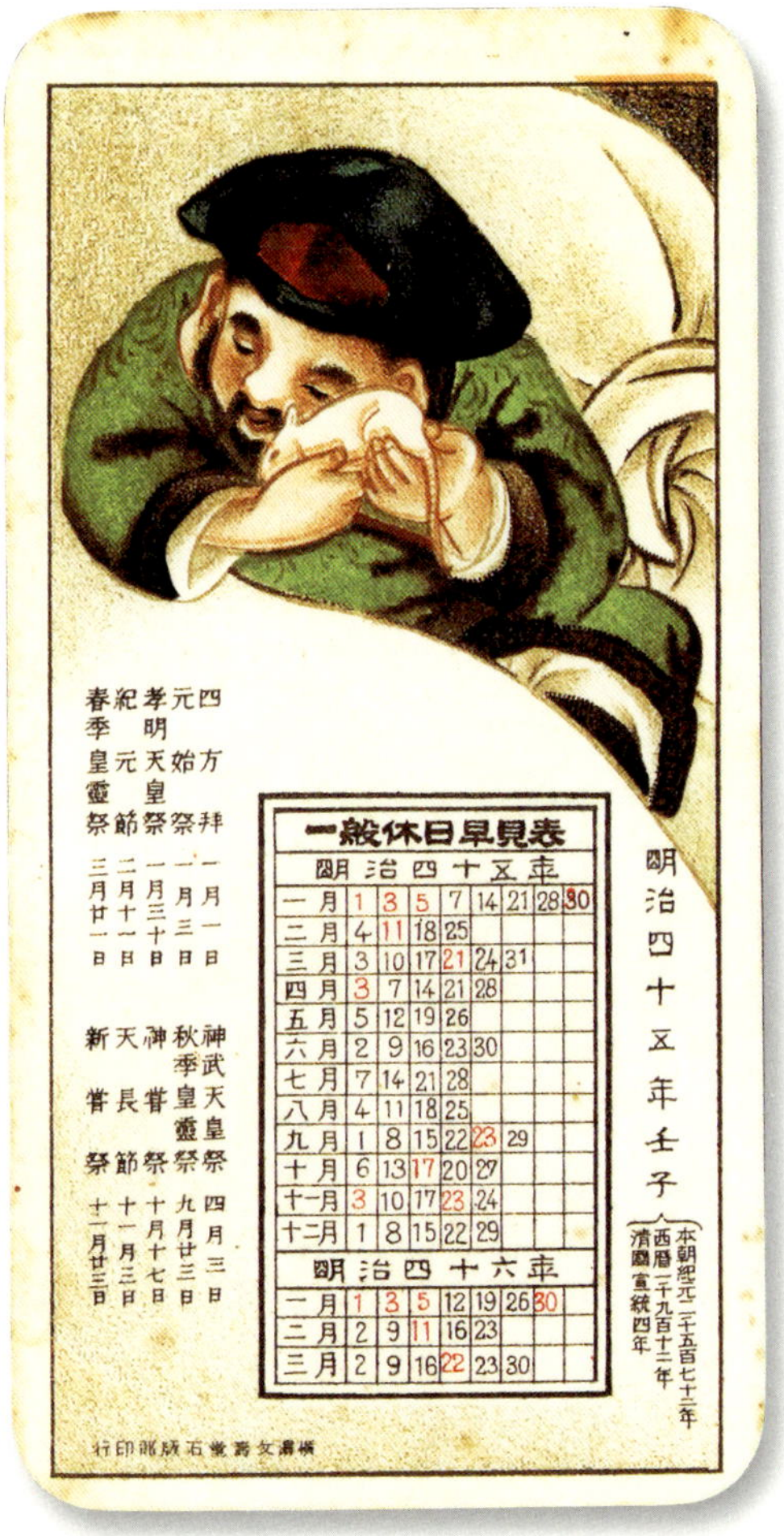

06-06

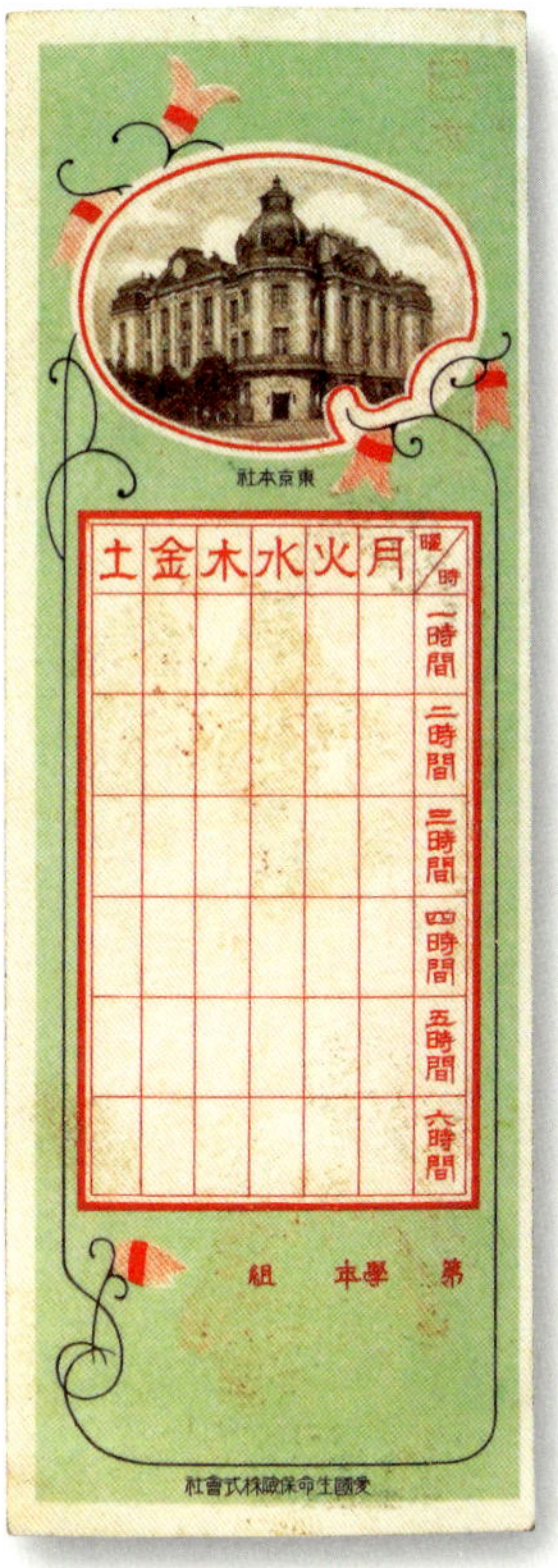

06-07

る。同会は昭和九年（1934年）五月の創立。日魯漁業会社が全国の塩魚問屋に県単位で「日魯組」を結成させ、販路を独占的に守ってきたものを発展させた組織。戦時下の販売統制の進展により昭和一六年（1941年）「日本鮭鱒配給株式会社」が設立されたことで役割を失った。

【06-04】東京・上野のデパート「松坂屋」の11年カレンダー付しおり。昭和五年（1930年）から昭和一五年（1940年）まで、盤面を回転させて使用できる。この方式のカレンダーは、様々な企業が採用している。

【06-05】「ウエル万年筆」は、鋳物メーカや「ダイヤモンド」というインク会社との関連を思わせる調査があるが、詳細不詳。昭和初期から終戦頃まで活動していた会社と思われる。

【06-06】明治四五年（1912年）から翌明治四六年三月まで表示されたもの。実際には年の途中から大正元年、大正二年になっている。「横浜文寿堂石版部印行」とある。文政年間に江戸で手広く印刷業を営んでいた「文寿堂」の系統だろう。明治一三年（1880年）には日本で初めての社員手帳と言われる「住友銀行手帳」を製作している。石版印刷のサンプルとして配布していたものか。

【06-07】75ページ掲載「愛国生命しおり」のウラ面。

06-08

06-10

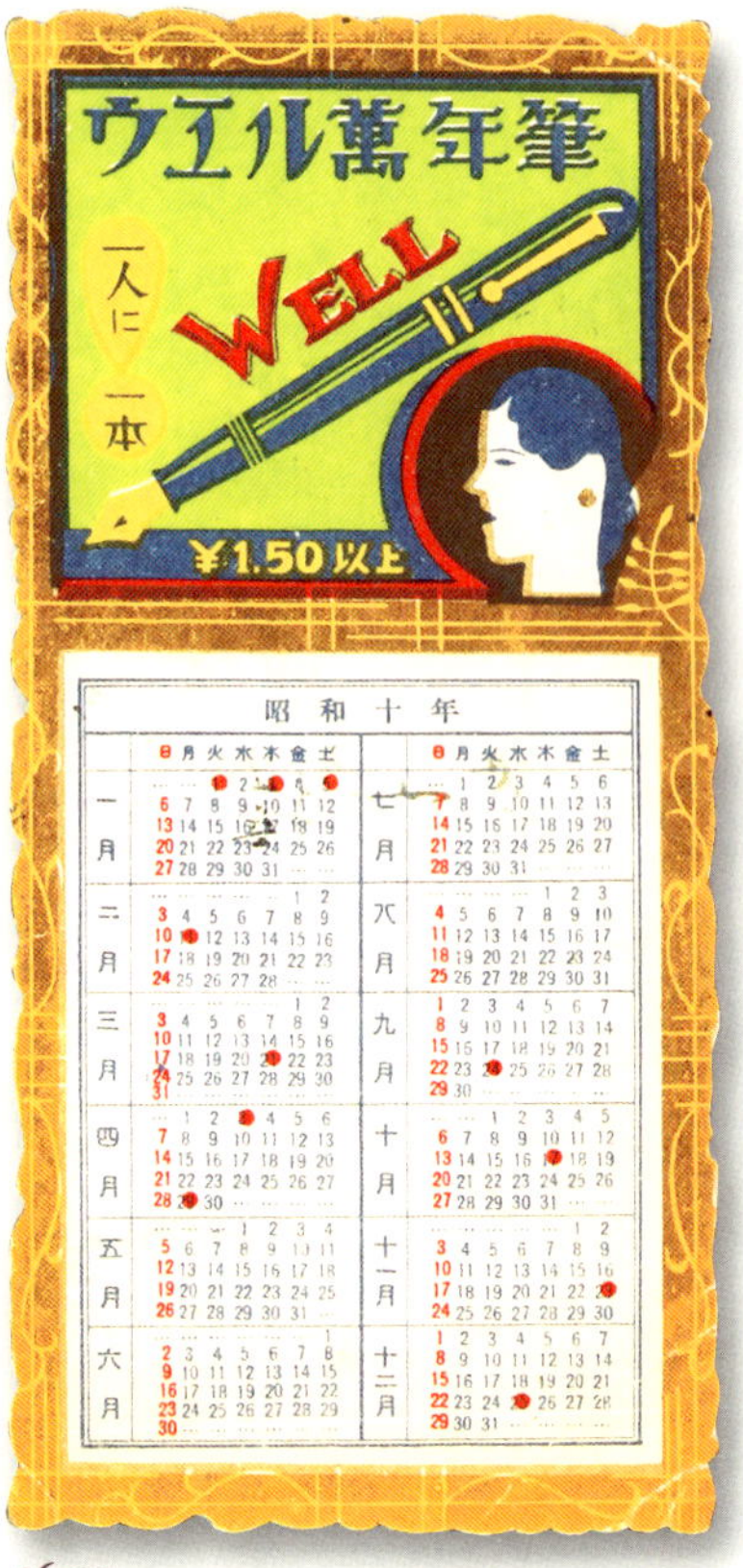

06-09

06-13

06-12

06-11

【06-08】「新聞の大殿堂　本社新築社屋」とある読売新聞社のしおり。昭和一一年（1936年）から昭和二一年（1946年）までの11年カレンダー付。

【06-09】前ページと同じ「ウエル万年筆」。昭和一〇年（1935年）のカレンダー付のこちらには、「一人に一本」とあり、価格は「一・円五〇銭から」だったことがわかる。当時としては安くはないが、決して高額ではなかった。

【06-10】「地球鉛筆株式会社」は、昭和二二年（1947年）に「大日本鉛筆製造株式会社」が社名変更して設立された。戦時中は三菱、トンボと共に「大東亜鉛筆」の設立にも関わっている。

【06-11】「ラヂオ体操の会皆出席賞」「簡易保険局」とある。昭和一一年（1936年）から昭和二一年（1946年）までの11年カレンダー付。

【06-12】「新装のよみうり遊園」として「本邦随一・二万坪　チューリップ大花苑」が謳われている。「よみうり遊園」は東京郊外の二子玉川にあった。これも前項と同じ年度の11年カレンダー付。

【06-13】「サクラプリズムカラー」「西村本店」とあるが、詳細未詳。

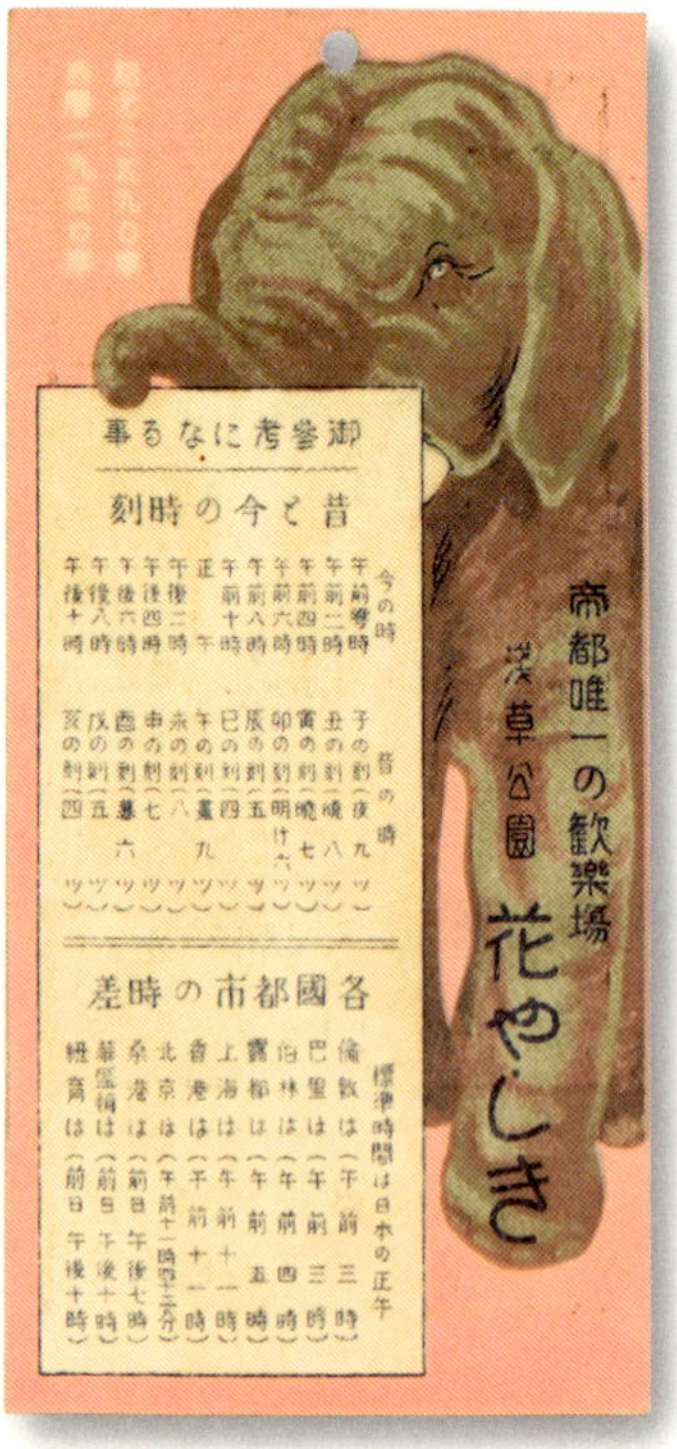

06-14

06-17

06-15

06-16

【06-14】左上に「西暦一九三〇年」と並んで「紀元二五九〇年」とある。今でも東京・下町の名所として知られる遊園地「花やしき」のしおり。「帝都唯一の歓楽場」と謳われている。昭和五年（1930年）には、「豊島園」も「後楽園」（東京ドーム）もなかった。

【06-15】「国防は先づ一銭の貯蓄から／銃後のつとめ郵便貯金」とある。郵便局のキャンペーンしおりと思われる。戦費調達が国家的課題として深刻化し始めていた。昭和一一年（1936年）から昭和二一年（1946年）までの11年カレンダー付。

【06-16】前項と同主旨のもの。「貯金局」名

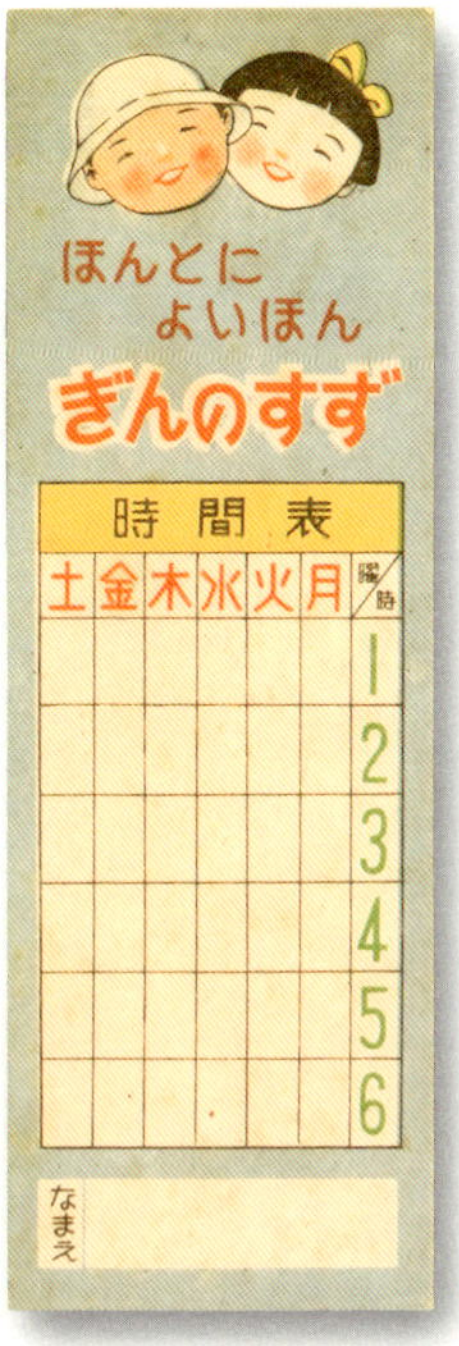
ほんとに
よいほん
ぎんのすず
時間表
土 金 木 水 火 月
1 2 3 4 5 6
なまえ
06-19

小学五六年の友
復習と受験
土 金 木 水 火 月
一時 二時 三時 四時 五時
06-18

貯蓄
報國
安田貯蓄銀行
貯蓄は國に盡して
身に戻る
06-20

で「国に国防／家に貯金」と謳われている。前項と同じ11年カレンダー付。

【06-17】昭和三年（1928年）に昭和天皇の即位大礼を祝して京都市の主催で行われた「大礼記念京都大博覧会」のしおり。会場は京都・岡崎公園に加え、二条城北の京都刑務所跡地、恩賜京都博物館が使われ、会期九月二〇日から一二月二五日の入場者総数は一二二万人だったという。

【06-18】『小学五六年の友　復習と受験』という雑誌が大正一〇年1821年頃から「南光社」を版元として発行されていたが、発行時期、このしおりとの関連など未詳。

【06-19】『ぎんのすず』は、広島原爆投下から一年後の昭和二一年八月六日に、広島の小学校教員有志によって創刊されたタブロイド版一枚物でスタートした童話・作文・学習記事の新聞。翌年には広島印刷(後の広島図書)がこの発行を引き継ぎ月刊誌化。昭和二四年（1949年）には全国向けに一〇〇万部に達したというが、昭和二〇年代の終わり頃に、戦後復興体制を整え終えた東京の大手出版社の攻勢に抗しきれず倒産した。

【06-20】「安田貯蓄銀行」は、安田財閥系の銀行のひとつ。「貯蓄は国に盡（つく）して／身に戻る」「貯蓄報国」とあり、貯金している子供の腕章には「興亜奉公」とまで書かれている。昭和一一年からの11年カレンダー付。

06-22

06-21

06-23

06-24

06-25

【06-21】野ばら社の『児童年鑑』は昭和一〇年代半ばに発刊され、戦後は昭和三〇年代半ばまで発行されていた。一種の年度版の百科読み物事典。戦時下は『軍歌集』などの影に追いやられていたようで、『児童年鑑』は戦後世代のほうがよく覚えているようだ。現在でも唱歌・童謡などの「歌詞集」の出版社として活動している。このしおりも戦後のもの。

【06-22】【06-24】『子供の科学』は誠文堂新光社が大正一三年（1924年）に創刊し、九〇年近く続いている雑誌。科学を子供向けに判りやすく解説するという編集方針は不変である。「日本一面白く美しく為になる子供の科学」「科学の日本を創る者は子供の科学愛読者」といった標語は戦前のものだが、その描かれた図像は、今日の世界を予見していたかのようだ。

【06-23】81ページの『全科学習書』しおりのウラ面。

【06-25】「三省堂カラ出タ新ラシイ参考書」「他ノ店ノモノ一冊ノ金デ二冊買ヘル」『小学生の自習用書』とあるが、詳細未詳。大正半ばを過ぎから昭和初期の、国民の間で教育熱が高まった頃の出版と思われる。

明治四四年の富本憲吉

——「栞」になった「新進作家小品展覧会」の入場券

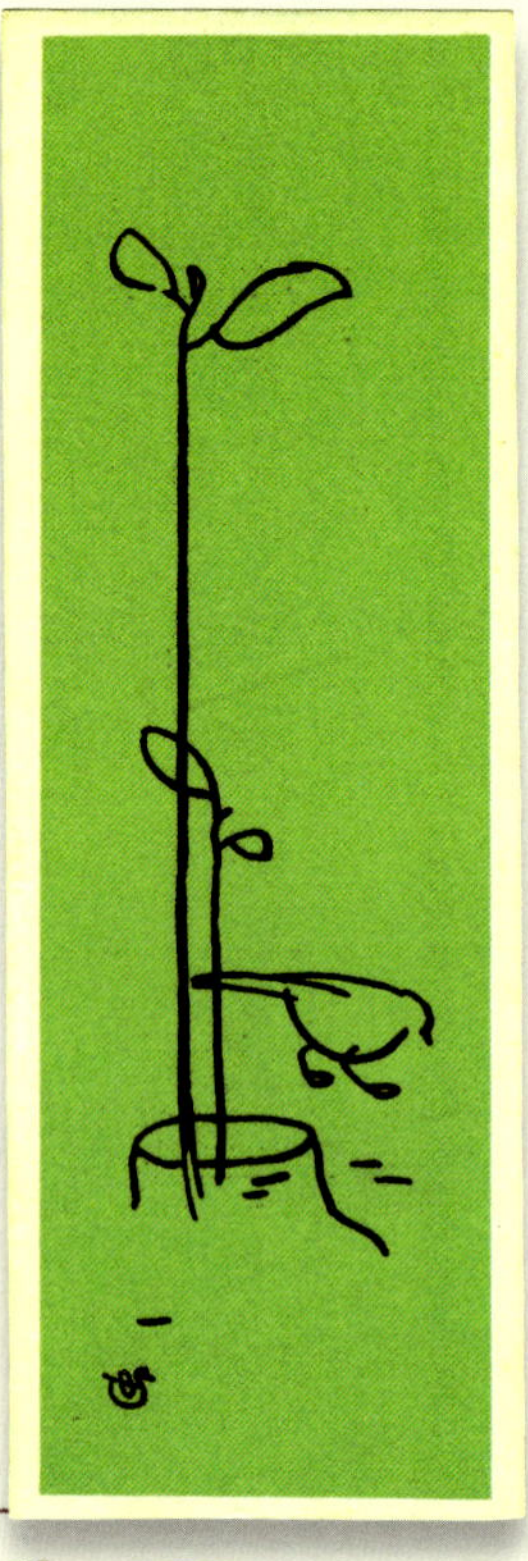

◉ちょうど一〇〇年前の一九一一年、美術新報という美術雑誌が「新進作家小品展覧會」という催しを開催した。このときに製作された記念栞は、当時まだ二十代半ばの新進作家三人によるもので、グリーンの線描の一葉は太田三郎（一八八四〜一九六九）の作。太田は洋画家、挿絵画家として大正昭和期に活躍し、また文章もよくした人であった。前年の一九一〇年に文展に初入選したばかり、文字どおりの新進作家である。

◉蝋燭の炎は英国人陶芸作家、バーナード・リーチ（一八八七〜一九七九）の作。リーチは一九〇九年に来日し、その年の秋にエッチングとドローイングの展示を自宅で開催した折の記事が美術新報に載せられており、東京の美術界で注目される存在になっていた。

◉そして人物と英語の文言による木版画は、後に文化勲章を受章する陶芸家、富本憲吉（一八八六〜一九六三）の作である。富本は一九〇八年英国に留学し、一九一〇年に帰国した後にバーナード・リーチと知り合い、二人はすぐに親友になった。日本の陶芸を学びたいというリーチの通訳をしているうちに富本も陶芸の魅力にとりつかれるという運命的な出来事も一九一一〜一二年に起きるのだが、まだこのころは陶芸を自分の仕事とは考えておらず、それどころか「何を自分の職業にしようか模索している」時期であったようだ。美術新報四月号に載ったこの展覧会の予告記事には「會場に用ふる椅子は特に今度の會の為めに新調したもので、富本君の意匠になる。富本君は近頃海外から来朝した建築装飾の青年美術家である」と紹介されている。

美術新報主催
新進作家小品展覧會紀念栞
定價金六錢
發行所 畵報社
東京市本郷切通坂町廿五

◉この栞は富本の南薫造にあてた一九一一年四月一〇日の書簡に「此處に封入したのは僕のやった、入場券の表面で使用後ブック、マークに使ふつもりだ」とあるが、今回（恐らく初出と思われる）封筒を見ると「定價金六銭」と明記されているし、美術新報一九一一年五月号と六月号には「此栞は過日「美術新報」が主催となって京橋區八官町の吾楽に新進作家小品展覧会を開いた際、普通の入場券だけでは曲がないという考へから、来會せられた方が家へ持って歸って永く紀念になるやうにと作つたものです。リイチ、富本、太田三氏の特色がそれぞれに現はれてゐて頗る趣味に富んだ栞ですが、地方の愛讀者や、都合が悪かった為に来観する事の出来なかった諸君に對し、實費を以てお頒

海藤隆吉

ちする事に致しました」とあるので、事実関係が実物で立証されることになった。

◉この展覧会は、富本が「作家」として扱われた初めてのものと言ってよいだろう。そればかりかリーチと共にこの年の二月頃に絵付けをしたという楽焼や版画に値段をつけて販売したのも初めてのことであったようだ。

◉四月にこの展覧会が開催され、美術新報の六月号に「来信数則　五月一四日朝　大和法隆寺驛　富本憲吉君より」という手紙が掲載される。これが商業誌に発表された最初の文章のようだ。この後毎号のように美術新報に寄稿し、富本の名は人に知られるようになっていく。

◉富本は筆者の祖父である。祖父のごく初期の作品であるこの栞について家族として知っていることを書いておきたい。作品には署名がないが、祖父は画面の右上に富本家の家紋をいれサイン代りにしているので富本の作品であることが特定できる。富本の家紋は「六つ星」という、五個の丸が均等にあり中心にも丸が置かれたものだが、紋帳にある良く知られたものより丸が小さい。富本の祖の地である奈良で多く見つかった古代の貨幣「富本銭」の「七曜星紋」から星を一つ少なくすると良く似たものになる。

◉祖父は作品への署名にこだわりを持っていた人で、後の陶芸作品には毎年違う書体の「富」一文字を用いていた。このごく初期の作品に「六つ星」を使用したことを思うと、この家紋を気に入っていたのであろう。また本来の五個の外輪が均等なものとちょっと違って上辺に三個、中に一個、下辺に二個に見えるのは、「富」の字をくずし、ウ冠に口と田の書き順で書いたもののように思えるのだが、もっと均等に書かれたものもあるので何とも言えない。

◉一〇〇年経っていてもこの栞には瑞々しい魅力がある。二十代半ばの若者のメジャーデビューともいえる発表の場でのものにもかかわらず、気負わずに自分のペースで仕事をしていることにも共感を覚える。そしてなによりも、小品としても極めて小さな「栞」という形の中に、「自己表現こそが芸術である」という近代にとってはあたりまえのことが、これほどに強く形として現れていることが感動を呼び起こすのである。

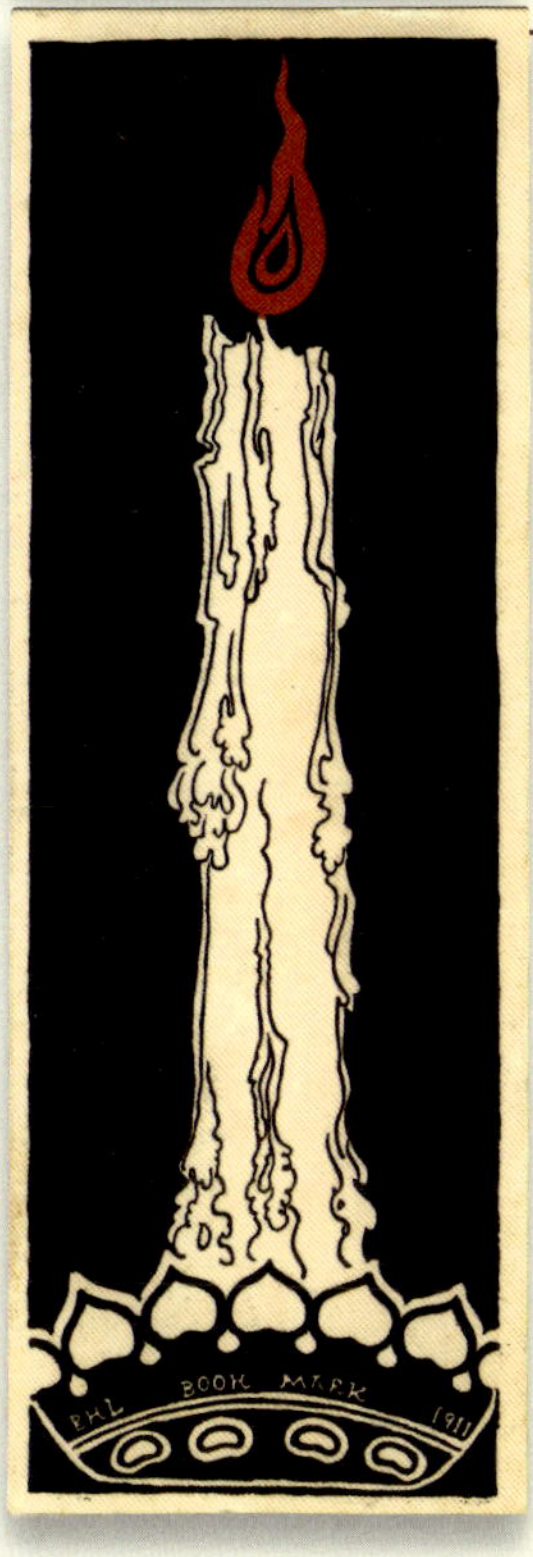

型抜き

一部の絵葉書にも変形ものがあるが、郵便物としての制限もあり、しおりほどに大胆な型抜きはなかった。しおりならではの型抜きは、他の章でも収録しているが、商品パッケージそのものの形を再現したものなど、手にした者の関心を引く工夫が随所に表れている。ここに見られる万年筆や勲章の型抜きなどの細かさには驚かされる。特に「パレット」の形などは、型抜きしおりの定番だったようだ。

仁丹
麝香《じやこう》仁丹
麝香、麝香、麝香を配伍の
瓶容器入
五十銭

07-02

美肌をつくる
ビタミンB6
森下製薬
東京
大阪
強力ビゼックス
歯痛に
緑の歯痛薬
ツーポン

07-01

07-03

07-04

【07-01】「森下製薬」の「美肌をつくる／強力ヒゼックス」と「歯痛に／緑の歯痛薬／ツーポン」とあるが、森下製薬は、大正八年（1919年）創業の「日本薬品洋行」が昭和二〇年（1945年）に商号変更した会社。このしおりは、それ以降のものということになる。この二種類の製品の詳細は未詳。同社は昭和三一年（1956年）に世界初の結晶アミノ酸輸液「モリアミン」を発売。この大ヒットで、翌年には医療用アミノ酸の製造を開始した「味の素」が資本参加。現在は「味の素製薬」に再編・統合されている。

【07-02】明治期より戦後に至るまで愛用されていた『仁丹』だが、しばしば香りに変化を持たせたり、容器のデザインを変えるなどの工夫をしている。「広告」戦略に長けていた同社ならではのことだが、この『麝香（じゃこう）仁丹』が発売された時期は未詳。ただ、昭和一〇年（1935年）八月の広告に「最高貴のホルモン剤／雲南麝香とガラナの精を仁丹主剤に配合」とある。

【07-03】【07-04】同じしおりのオモテ面とウラ面。制作年未詳。65ページにもあるように大正後期に発売された『仁丹ハミガキ』は、同社の「病気は治療よりまず予防」という理想に沿った商品。ウラ面の「歯の美と強健を保ちたき人は……最新科学的優秀理想の／仁丹ハミガキを／速かに御活用遊ばせ!!」に、その確信が象徴されている。

07-05

07-06

【07-05】バナナの型抜きのしおり。同じ型で文字の異なるものを二枚重ね置きして撮影した。おそらく、この他にも様々なキャッチフレーズのものが作られたと思われる。下欄に「台湾青果株式会社」とあることでわかるように、バナナ菓子の宣伝しおりではなく、バ

07-07

07-08

ナナそのものの広告である。かつての日本国内では、バナナと言えば「台湾バナナ」で、それは戦前から戦後の昭和四五年（1970年）頃まで続いた。明治三八年（1905年）に初めて本格輸入されたバナナが次第に日本の食卓へと浸透し、半官半民の「台湾青果」が設立されたのは、台湾が日本の植民地となって二〇年ほど経過した大正一三年（1924年）のことだった。

【07-06】【07-07】同じしおりのオモテ面とウラ面。『森永パラマウントチョコレート』と「パラマウント映画社」製作映画の上映とのタイアップとなっている。チョコレートのパッケージを斜めから見た状態の型抜きがおもしろい。映画はアーネスト・B・シュードサック製作・監督の密林アドベンチャードラマ『ランゴ』（1931年製作）で、東京・浅草の「電気館」、東京・新宿の「武蔵野館」、東京・有楽町の「邦楽座」の三館の名が見える。いずれも封切り館なので、早ければ制作された年である昭和六年（1931年）の公開だろう。

【07-08】『チキンソース』は昭和期の関東圏で『ブルドックソース』と覇権争いをするほど人気のあったウスターソース。創業は明治四五年（1912年）で、昭和初期には「芳香美味／食慾増進」をキャッチフレーズにしていた。オモテ面とウラ面とで文字の流れが逆になっているが、左から書かれているボトルのデザインは昭和三〇年前後のもの。

トヨペット・クラウン
ハンドル
チエンジレバー
ショック・アブソーバー
エンジン
クラッチ・ペダル
デフアレンシヤル
フレーム
タイヤ
マフラー
ブレーキペダル
トランスミッション
プロペラー・シヤフト
リヤ・スプリング
Toyopet Crown

07-09

大阪鐵道局主催
鐵道展覽會
三越
七月一日より十日まで

07-10

07-11

【07-09】戦後日本の自動車工業に大きな自信と、希望の光を与えたと言われる戦後初の本格乗用車「トヨペット・クラウン・RS型」の型抜きしおり。ウラ面ではメカニズムを紹介している。昭和三〇年（1955年）から昭和三七年（1962年）まで生産されていた。

【07-10】機関車の型抜きしおりは「大阪鉄道局主催　鉄道展覧会」のもので、会期が「七月一日より十日まで」となっているが、年度は不明。どのようなイベントだったのか、詳細が分かる資料が見当たらない。脇に「三越」のマークと商号があるのは、「大阪三越」が会場だったからだろう。

【07-11】おそらく、贈答用の化粧箱に入っていたのではないかと思われる「牛乳石鹸」の型抜きで、戦後モノと思われる。好景気に沸いた昭和三〇年代以降、長い間、化粧用石鹸はお中元の定番のひとつだった。

07-12

07-13

07-14

07-15

07-16

07-17

07-18

07-19

【07-12】「特許両面染／両華モスリン」と下に文字が入っている。モスリンは、幕末頃にフランスあたりから輸入されはじめ、和服地として急激に広まった薄地の織物。メリンス、唐ちりめんとも言う。柔軟で暖かいので、着物の裏地、長じゅばん、子供の着物、ふとん地などに用いられていた。この「特許両面染」の「両華」というブランド、製造会社については未詳だが、こうした新技法の開発は、明治中期以降の京都で盛んだった。このしおりの絵柄や技法も、京都で活躍した高橋春佳のしおりを想起させる。

【07-13】中山太陽堂（現在は、クラブコスメチックス）が大正二年（1913年）に発売して以来、ロングランで売れ続けた「クラブ乳液」「クラブ美身クリーム」のしおり。

【07-14】以下はすべて、中山太陽堂の各商品のパレット型しおり。いずれも制作年未詳。「素顔の美を増す　クラブ洗粉」とある。

【07-15】「お顔をホンノリ健康色にする　クラブほほ紅」とあり、右にペンで、当時の学生のものと思われるメモ書きが残されている。

【07-16】【07-17】「お顔のアレない　クラブ石鹸」。

【07-18】「艶を出し／生地の色までも／白くなる　クラブ白粉（おしろい）」。

【07-19】「顔のアレない　カテイ石鹸」。「クラブ」の名称を用いていないが、「クラブ白粉本店特製品」として売り出していた。

07-20

07-21

07-22

【07-20】勲章を模した型抜きしおり。「アサヒトンボ印　学生服」は、明治七年（1874年）創業の足袋製造販売「三宅商店」が、昭和五年（1930年）に学生服の製造販売を開始した時に商標登録したもの。昭和三〇年（1955年）に主商標を「トンボ」に改め、現在は各種ユニフォーム・メーカーとして活動している。

【07-21】ペン先まで精巧に作られた万年筆の型抜きしおり。「プラトン万年筆」とあるが、これはクラブ化粧品の中山太陽堂が大正期に手掛けた文化事業のひとつである出版社「プラトン社」から派生した文具製造会社「プラ

名優河部五郎君推賞
徳川良子孃好み
君慕ひ涙ながらに
笛吹けば
ほゝ笑む如く
君の面影
夕虹詩
高橋春佳畫

07-24

徳川良子孃好み
夕虹詩
高橋春佳畫

07-23

トン文具」の製品。大正八年（1919年）に会社設立とともに売り出したが、昭和初期までしか続かなかったようだ。

【07-22】小学館のしおり。大正から昭和にかけて、こうした仲良く同格に描かれた男の子と女の子の図像は、いたるところで見受けられた。

【07-23】カラー刷りの薔薇の絵の部分が二つ折りになっており、開けるようになっている。左端に見える文字は印刷ではない。この手描き文字は文通の名残りで、贈り手が書き込んだものと思われる。薔薇の絵は高橋春佳の作。

【07-24】前項のしおりを開いた状態。名優「河部五郎」は芝居の一座を率いていたようだが、大正一四年（1925年）に日活（関西）から映画デビュー。以来、一貫して時代劇映画に多数出演。戦後は東映に移籍して昭和三〇年代まで出演していた。「詩」として短歌が掲載されているが、作者の「夕虹」については未詳。

【07-25】詳細未詳。着物の柄に使われているトランプのハート、クラブ、ダイヤ、スペードは、大正末から昭和にかけて流行した。

【07-26】詳細未詳。大正中期頃から盛んになってきた仏教系の日曜学校では、教化目的の絵入りの小型カードなどを配布していた。このしおりは、灌仏会（かんぶつえ）（陰暦四月八日＝花まつり）に際して子どもたちに配られたものだろうか。

07-25

07-26

近代デザイン

この章には、図柄そのものが興味深いものを中心に集めた。一世を風靡したアール・ヌーヴォー様式を取り入れたもの、幾何学模様など典型的なモダンデザインを思わせるもの、あるいはアール・デコ風のデザインの模倣を感じさせるもの、モード雑誌のファッションをそのまま持ち込んできたかと思うものなど、年代も技法もまちまちなこれらを、そのまま眺めてみよう。

08-02

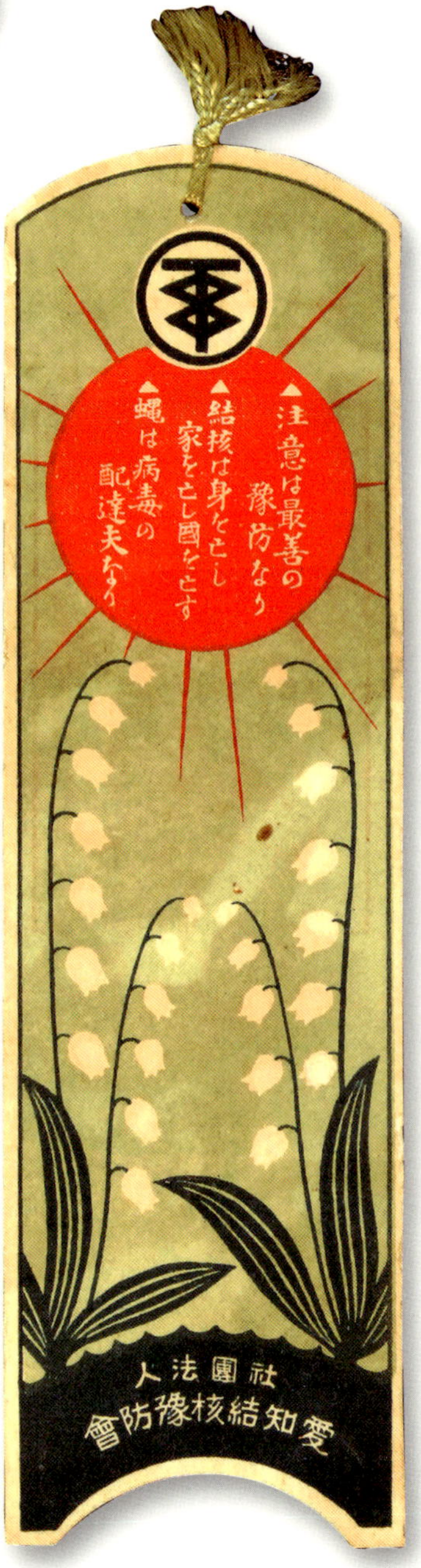

08-01

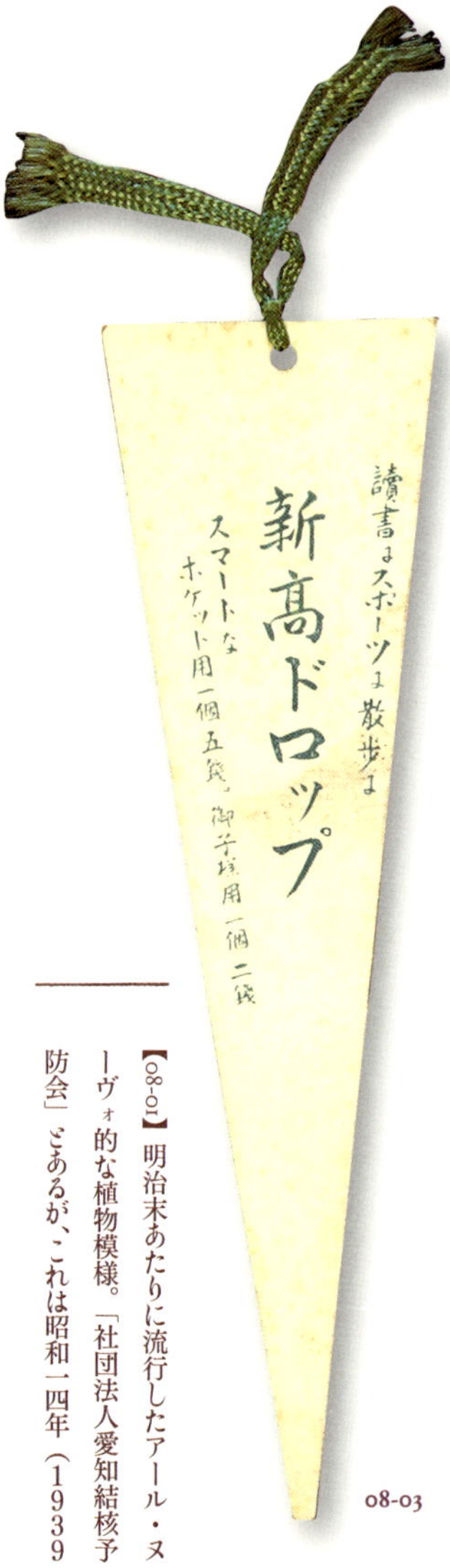

08-03

【08-01】明治末あたりに流行したアール・ヌーヴォ的な植物模様。「社団法人愛知結核予防会」とあるが、これは昭和一四年（1939

08-04

年）に発足した「財団法人結核予防会」の愛知県支部ではなく、それ以前に全国の各地域に半官半民で設立されていた組織のひとつである。それらの全国的な連合会として「日本結核予防協会」が設立されたのが大正二年（1913年）のことだが、これはそれより前のものだろう。結核予防運動は、明治三七年（1904年）の内務省令「肺結核予防に関スル件」以来、保険会社、製薬会社などの協力を得て、明治政府が全国的に展開していた。

【08-02】【08-03】スリムな逆三角形の型抜きは、大正から昭和にかけてのモダンな時代に流行した。ウラ面の記載によって『新高（にいたか）ドロップ』の宣伝用とわかるが、画家は未詳。新高ドロップは、明治二八年（1895年）、日清戦争の勝利によって台湾島が割譲された後に当地に渡った森平太郎が興した「新高製菓」のメイン商品のひとつ。「新高」は、台湾島の「玉山」が、富士山より標高が高かったので改名された「新高山」にちなんだもの。大正期から終戦まで、森永、明治、グリコと並ぶメーカーに育った。ウラ面には「スマートなポケット用一個五銭、御子様用一個二銭」とある。

【08-04】「椿油」は平安時代から珍重されていて、明治期から大正期には、盛んに各店から独自ブランドで発売されていた。瓶のラベルの植物模様は、特徴的なアール・ヌーヴォ曲線である。

朝と夕の
クラブ歯磨
歯の健康と美を守る
クラブ白粉

08-05

奉祝
皇太子殿下
御成婚
日本相互銀行

08-06

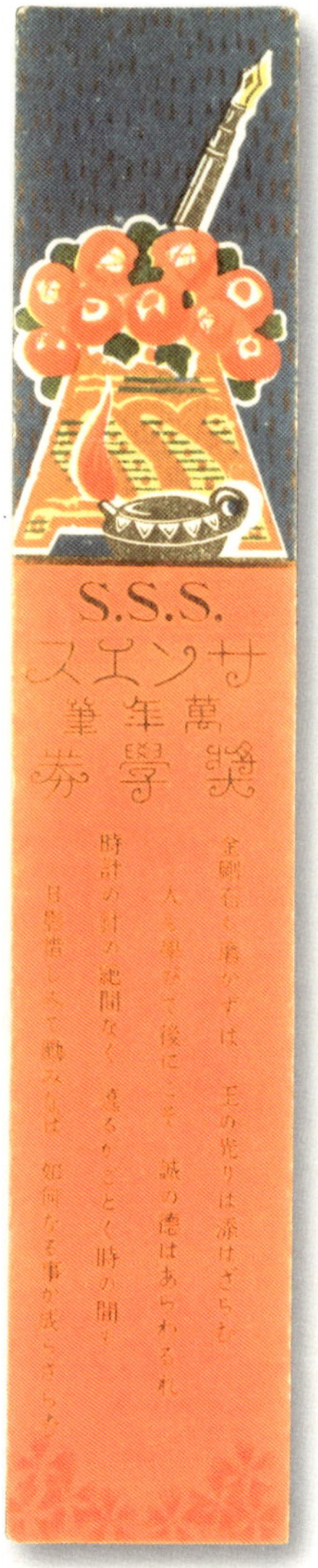
S.S.S.
サンエス
萬年筆
奨學券
金剛石も磨かずば 玉の光りは添はざらむ
人も學びて後にこそ 誠の徳はあらはるれ
時計の針の絶間なく 巡るがごとく時の間も
日影惜しみて勵みなば 如何なる事か成らざらむ

08-07

【08-05】一連のクラブ化粧品で知られる「中山太陽堂」は、創業から三年を経た明治三九年（1906年）頃には「おしろゐ」と並んで「はみがき」も売り出している。これが「クラブ歯磨」となったのは大正中期だろうか。同社は「双子姉妹」の商標が有名だが、「歯磨」

08-09

08-08

には早い段階から、このしおり上部にある「楠木正成像」を商標に使用していた。

【08-06】「奉祝／皇太子殿下／御成婚」とある「日本相互銀行」のしおり。昭和三三年（1958年）当時の皇太子（今上天皇）と美智子妃のご成婚を記念したもの。同行は昭和二六年（1951年）に施行された「相互銀行法」によって生まれた。商号変更、合併を経て、現在は「三井住友銀行」。

【08-07】「サンエス万年筆」は、戦前の国産三大メーカーのひとつとして知られる。大正九年（1920年）に創業。しおりに書かれた歌は、明治天皇の皇后、昭憲皇太后が華族女学校（現在の学習院女子中・高等科）の教育方針を詠んだもの。教育の目標を端的に表したものとして、尋常小学唱歌としても広く歌われた。

【08-08】明治末期から日本でも知られるようになったアール・ヌーヴォ様式のグラフィック・デザイナー、アルフォンス・ミュシャによる有名なポスターを思わせるが、それを模した作品。左手には新聞らしきものを持っており、背後のローマ字は「大阪朝日新聞」と読める。下部には大阪を象徴する澪標（みおつくし）のマークがデザイン化されている。

【08-09】読書の効用を謳っており、書店で配布されたしおりと思われるが、詳細未詳。下欄の書き込みのある時間割表に「高二」とあるのは「高等小学校二年生」のものだろう。

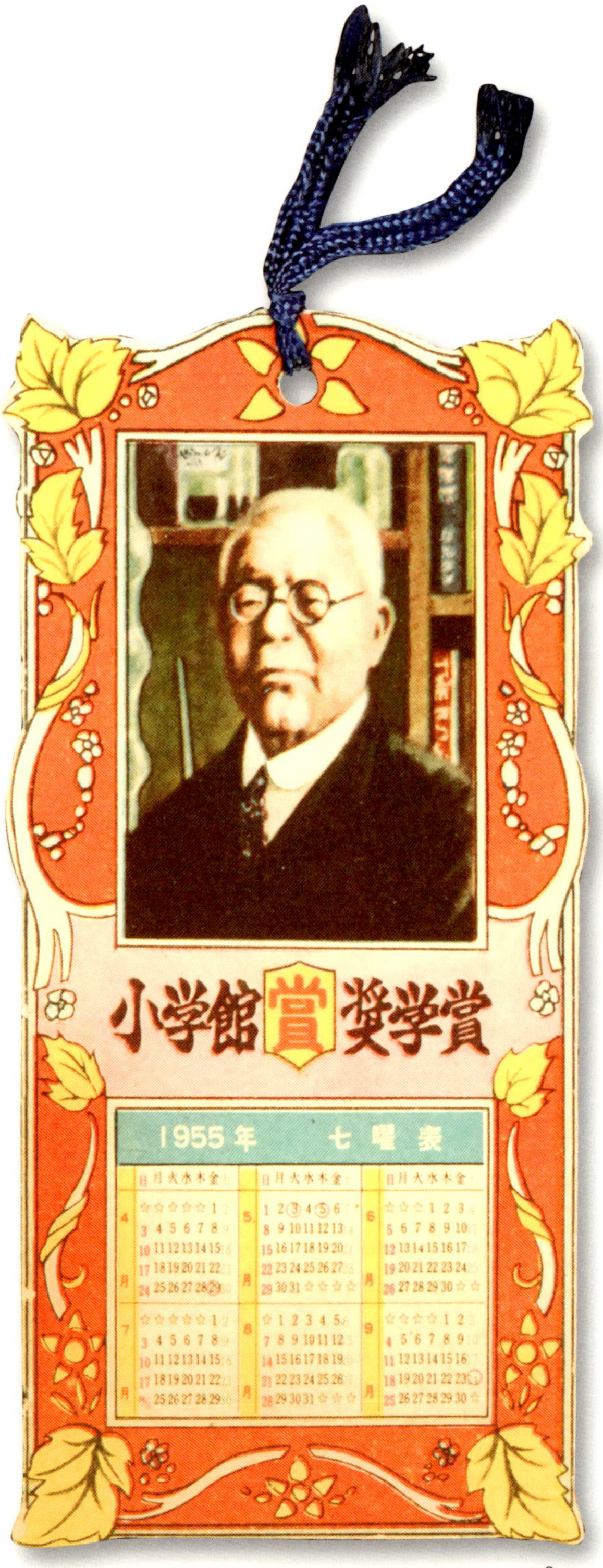
小学館賞奨学賞
1955年　七曜表
08-11

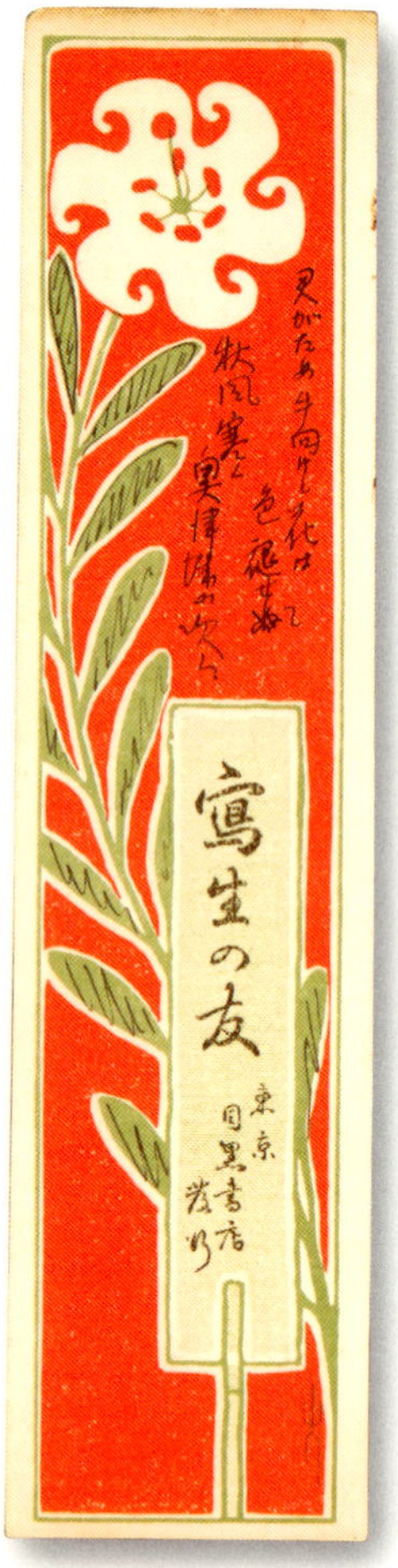
寫生の友
東京
目黒書店
發行
08-10

08-12

【08-10】「写生の友」「東京　目黒書店」とある。目黒書店は戦後の一時期、文芸書分野にも進出したことがあるが、大正期には師範学校の教科書出版を多く手掛けていた。ユリのデザインが明治末から大正期に流行したアール・ヌーヴォ的なので、『写生の友』も、そうした時期に発行されていたものと思われる。元の所有者の書き込みが見える。

【08-11】大正一一年（1922年）に『小学五年生』『小学六年生』の創刊でスタートした小学館は、読者に向けて一時期「小学館奨学賞」を設けていた。顕彰メダルも知られている。これは「1955年七曜表（カレンダー）」が付いたしおりだが、枠どりのデザインは、時代的にはずっと以前の典型的なアール・ヌーヴォ様式である。

【08-12】分割すると三枚のしおりになるように作られた絵葉書である。中央下端には切手が貼られ消印が押されてあり「朝鮮総督府始政九周年記念」「京城」「8・10・1」と読める。朝鮮総督府とは、日韓併合政策により大日本帝国領とした朝鮮半島を統治するため、京城（現在のソウル）に明治四三年（1910年）一〇月一日に設置された官庁。その九年後、大正八年（1919年）の同日の消印である。葉書のオモテ面には「始政五年記念朝鮮物産共進会　仁川協賛会発行」「仁川渋川絵葉書店謹製」とある。

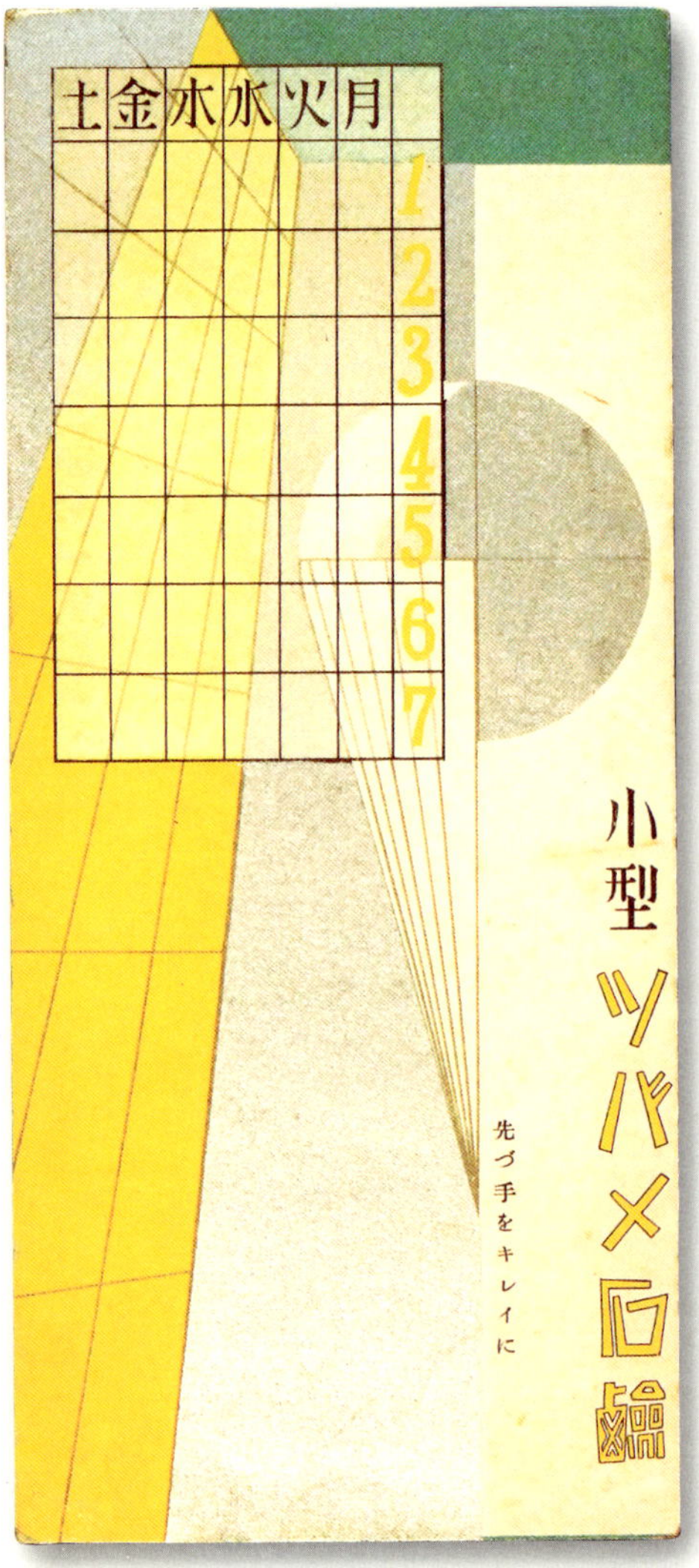
月
火
水
水
金
土
1
2
3
4
5
6
7
小型
ツバメ石鹸
先づ手をキレイに

08-14

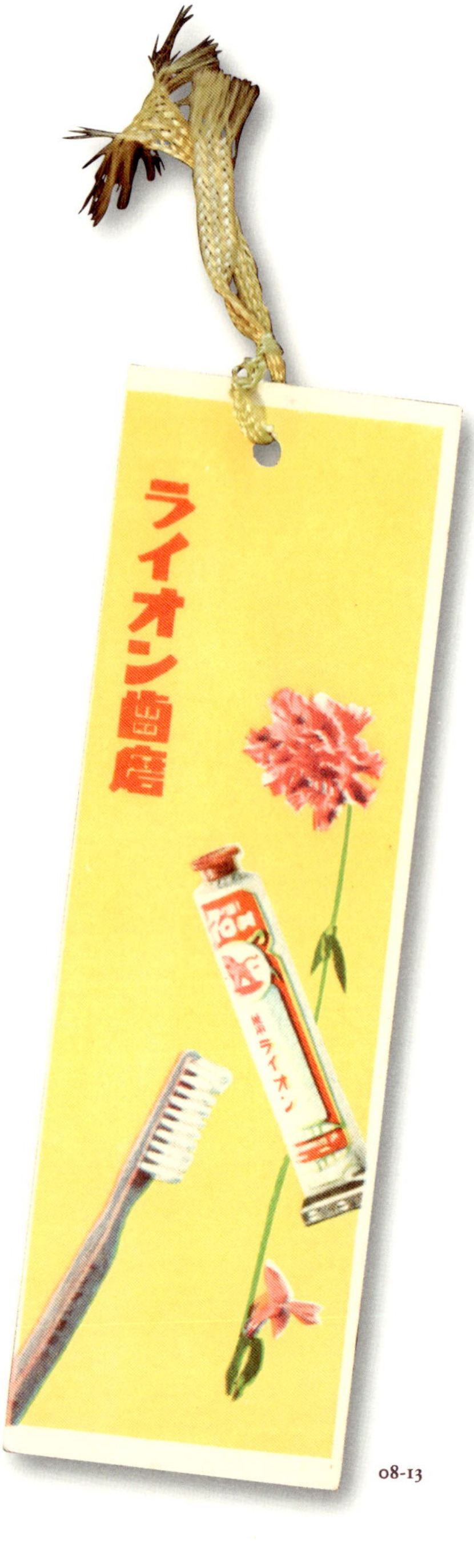
ライオン歯磨

08-13

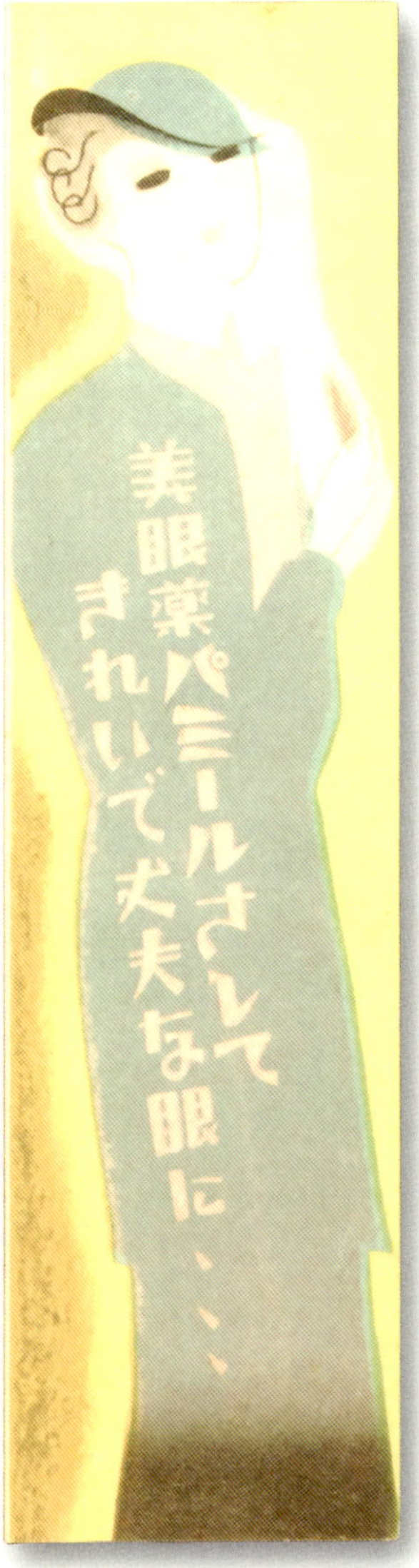

08-15

【08-13】大正七年（1918年）創業した小林商店（現在の「ライオン株式会社」）は、一貫して歯磨の製造・販売を手掛けてきたが、昭和二四年（1949年）に社名を「ライオン歯磨株式会社」に変更し、チューブ入り練ハミガキ『薬用ライオン歯磨』を発売した。しおりの左側に写っているハブラシは昭和二六年（1951年）に米国デュポン社のナイロンを植毛して新発売された『ライオン歯刷子』。その時期のしおりと思われる。

【08-14】「小型　ツバメ石鹸」とあるが、『ツバメ石鹸』は長瀬商会（現在の「花王」）が大正一四年（1925年）に発売したもの。前身の長瀬富郎商店は、明治二二年（1889年）に日本で初めての銘柄入り石鹸として知られる『花王石鹸』を発売している。図柄の幾何文様は昭和初期に流行した。

【08-15】『美眼薬パミール』とあるように、これは目薬ではない。昭和三年（1928年）の新聞広告には「驚くべききき目／一滴であなたの眼は／黒水晶のよう！」とある。大日本雄弁会講談社が巨大部数雑誌の影響力をフルに利用して物品販売に邁進していた時期の代表的商品が滋養飲料の『どりこの』で、それは86ページにある連載漫画『どりちゃんバンザイ』に連動させていた商品だったが、この『パミール』も、映画スターを愛用者として、ズラリ並べた特集などで、発売後まもなく十万個を売りつくしたと伝えられている。

LION DENTIFRICE LION DENTIFRICE
みんなのすきな....
ライオン歯磨

08-16

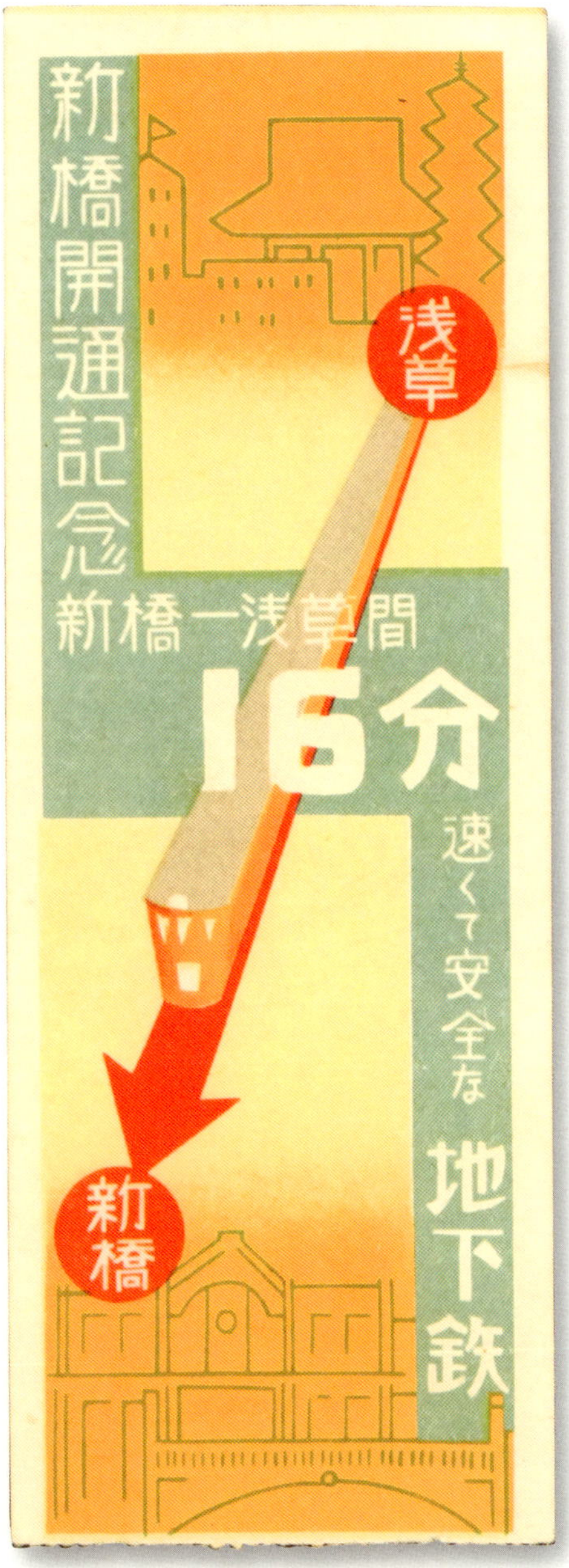
新橋開通記念
浅草
新橋一浅草間
16分
速くて安全な
地下鉄
新橋

08-17

SILK BRAND
FACIAL SOAP
kaneka
カネボウ
絹石鹸

08-18

【08-16】戦後間もないころの『ライオン歯磨』のしおり。当時の現役プロ野球選手が登場している。昭和三〇年代になると、こうしたプロ野球と連携する販売が盛んになり、やがて長嶋、王の時代がやってくる。

【08-17】現在は「東京メトロ」と呼ばれている東京の地下鉄だが、昭和二九年に「丸の内線」が一部開通するまで、戦前から地下鉄は現在「銀座線」と呼ばれている一路線しかなかった。今では「浅草～渋谷」間を走っているが、「浅草～上野」間が開通したのが昭和二年（1927年）。このしおりに示されている新橋までの開通は昭和九年（1934年）のことだった。停車駅が少なかったので、所要時分「二六分」は、今よりも二分ほど速い。

【08-18】「鐘淵紡績」（現在の「カネボウ」）が「絹石鹸」を製造販売したのは昭和一一年（1936年）で、翌年には社内に「化粧品事業部」を設置した。このしおりには「KANEKA（カネカ）」の文字も見える。「鐘淵化学工業」（現在の「カネカ」）が分離設立されて化粧品部門が移管されたのは昭和二四年（1949年）で、同社が「カネボウ／カネカ」ブランドで「絹石鹸」を製造販売していたのが昭和四〇年代半ばまでなので、その間に制作されたしおりと思われる。

08-20

08-19

【08-19】下欄に「昭和七年五月／公園入園者調査記念／東京市」とある。東京市は、大正一〇年（１９２１年）に公園課長に就任した造園家・井下清によって、関東大震災後の帝都の公園行政、緑地緑化事業が進められ、以後、終戦に至るまで井下による公園事業が続けられた。江戸期からの屋敷跡地の保護・公園化も積極的に行ったが、新たな都市型小公園の設計築造は、長く全国各都市の公園造営の範となる事業として残っている。この「利用調査」は、そうした公園行政推進に必要な調査だったのだろう。

【08-20】「愛知銀行」とあるが、現在活動し

三井銀行

08-21

資本金五百萬圓
神戸海上運送火災保險株式會社
東京支店
日本橋區阪本町三十七三十八番地
電浪長五九九番
話花四三三三番

08-22

ている同名の銀行とは別組織。昭和一六年（1941年）に政府の「一県一行」政策による指導で県下の愛知銀行・名古屋銀行・伊藤銀行の三行が合併して東海銀行(現在の「三菱東京UFJ銀行」)になるまで活動していた銀行。この「建国記念預金」は、昭和一五年（1940年）の「紀元二千六百年」に向かっていた時代が背景にあるのだろう。戦費調達のための国民への預金呼びかけは、国家の大命題だった。

【08-21】日本最古の銀行として知られる「三井銀行」（現在の「三井住友銀行」）だが、戦前には江戸期から続く「三井」の名が消えた時代があった。戦後、昭和二三年（1948年）に「三井銀行」の名称が復活し、由緒ある日本橋室町に再度本店を設置したが、このしおりの建物は、昭和三五年（1960年）に業務活大のため移転した新本店社屋である。今でも「日比谷三井ビル」として使用されている。

【08-22】「神戸海上運送火災保険」は、明治、大正期に財を成した海運業「岡崎汽船」を中心に「神戸銀行」(「太陽神戸三井銀行」「さくら銀行」を経て、現在は「三井住友銀行」)など岡崎財閥グループの損保会社。明治四〇年（1907年）に設立され、昭和一九年（1944年）に戦時統制によって四社が合併して「同和火災海上保険」(現在の「ニッセイ同和損害保険」)となるまで続いた。

08-24

08-23

●四点とも、スポーツ用品製造・販売の大手『美津濃』（現在は「mizuno」と表記）の制作。昭和初期と思われる「売出し」告知のしおり。
【08-23】「テニス硬球ラケット」が、八円均一で売りだされ、「お買い上げ一本ごとに日仏テニス戦入場券御進呈」「軟球ラケット御買上一本毎に半ケース御進呈」とある。昭和一〇年（1935年）当時の物価は、白米10

08-26

08-25

キロが二円五〇銭くらいだった。右下に作画者のサインがあるが未詳。

【08-24】こちらは『英国ボールウィン社』の「スヱター」（セーター）の売出しで「特価八円五〇銭」である。「英国製」というだけで紳士のブランドになった時代があった。「御通学にスポーツに最適のものです、型柄共各種取揃って居ります」とは言うものの、かなり高価なものだ。紳士に限らず、この時代、「セーター」や「カーディガン」を着ていたのは一部の人だけだった。

【08-25】「オリムピック選手予想投票／陸上競技用品売出し」とあり、「日本を代表する晴れの勇者は誰だろうか　興味ある此の予想を皆様から募ります」とあり、「御買上の方に総て投票券進呈／最高適中者に大カップを、その他順次賞品贈呈致します」となっている。オリンピック熱が盛んになったのはラジオ中継も始まった昭和一一年（1936年）のベルリン大会からと言われている。昭和一五年（1940年）には、第二次大戦前夜の緊迫で結局中止になってしまった東京大会が予定されていた。

【08-26】「庭球用品売出し」「ラケット特売週間」「一流プレヤー御愛用品　1930年型ラケット」「硬球フレム　八円」「軟球ラケット　四円より七円まで」とあり、「テニス」は「庭球」と言い変えられている。昭和一五年（1940年）頃のしおりだろう。

08-28

08-27

【08-27】『柳正堂』とある。山梨県甲府市に明治、大正期から出版も含めて手広く書店経営をしていた「柳正堂」があり、おそらくその書店で制作したものだろう。

08-29

08-30

【08-28】本の街として知られる東京・神田の神保町に古くからある『東京堂書店』は、今も書店としてのほか、出版も手掛けている。「参考書・辞典・虎の巻・豊富取り揃えました」と謳い、店頭での他「電話御註文は直に配達致します」とある。昭和初期のものだろうか。

【08-29】【08-30】どちらにも「大阪朝日新聞／中部日本への大躍進」とあるのは、朝日新聞が名古屋支社を設置して名古屋での印刷発行を開始したことを示している。昭和一二年（１９３７年）一〇月のことだった。現在でも変わりないが、名古屋（中京地区）は中日新聞の牙城で、読売、朝日、毎日、ともに苦戦している。

【08-31】「ラジオ聴くには／先づ手続きを」「大阪中央放送局」とある。ラジオの本放送が始まったのは大正一四年（１９２５年）三月一日だった。その後またたく間に聴取者が増加したが、それに拍車が加わったのは、戦況報道に国民が一喜一憂した戦時体制下だったと言われている。このしおりに描かれた表札の名前が「東亜太郎」となっているところをみると、「大東亜戦争」と名づけられた戦争の時期に増えたラジオ受信者への啓蒙を目的としていたものと思われる。

【08-32】月ごとに制作されたものだろう。これは一月の、「梅」をデザインしたしおり「ＪＡＮ　一月」の文字と、右下に作画者のサインらしきものが見える。

08-31

08-32

都市と郊外

近代以降、様々な交通機関が発達し、人々の移動手段は多様化していった。郊外と都市も身近になり、往来がひんぱんに繰り返される時代となった。ビルの建設は、都会にいくつもの百貨店を出現させ、そこで開催される展覧会、博覧会、見本市は、居ながらにして遠い場所にあるものを疑似体験できるようになっていった。大正・昭和初期は、博覧会ブームの時代でもあった。

09-02

09-01

【09-01】「三越」が東京・銀座に支店を開いたのは、昭和五年（1930年）のことだった。その四年後の昭和九年三月三日に、地下鉄の上野から新橋までの延伸に伴い、地下の売り場と直結する駅が開業した。しおりの基調となっている黄色は、今でも「東京メトロ・銀座線」のシンボルカラーになっている当時の車両の色だった。

【09-02】東武鉄道のしおり。「浅草から」と記載されている行き先のイラストは日光方面である。この東武日光線の部分は、第二次大戦中は観光地に向かう不要不急線とみなされ、単線化させられた。戦後、昭和三〇年代になって路線整備も終え、日光・鬼怒川・川治方面など温泉地への旅行が一般客や小・中学校

09-03

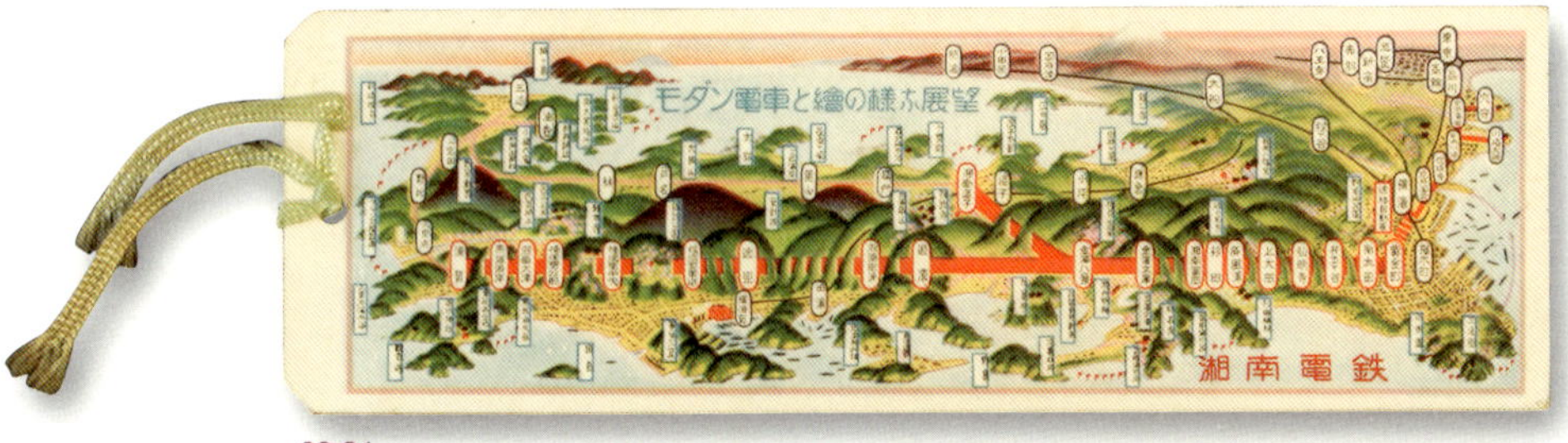

09-04

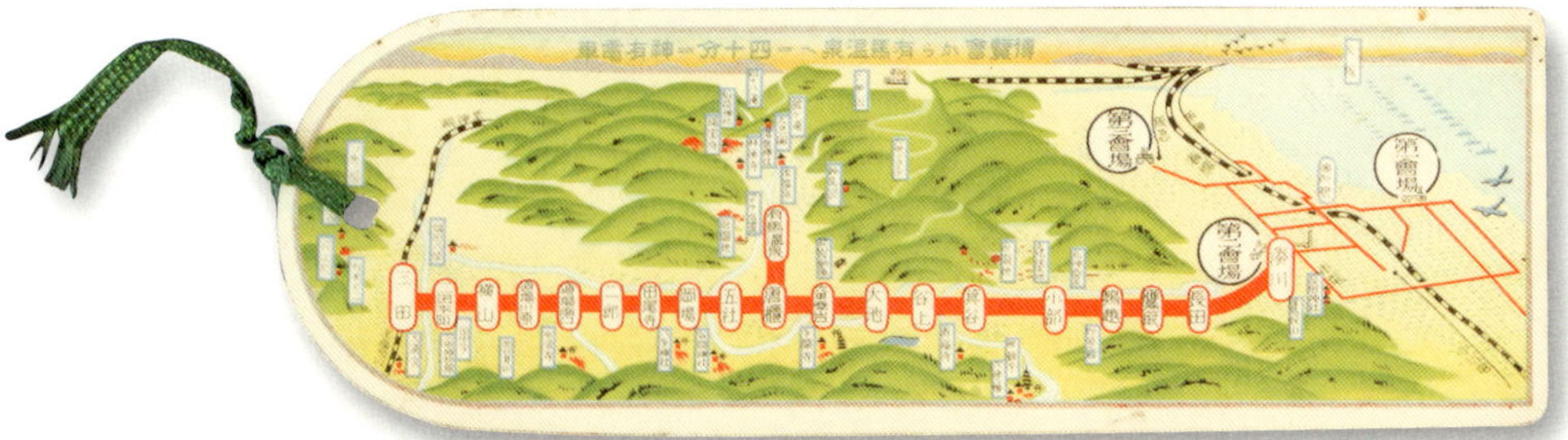

09-05

の林間学校で再び盛んになっていった。このしおりは、その時期のものだろう。

【09-03】アタミロープウェイは観光地熱海に敷設されたロープウェイで、昭和三三年(1958年)五月に開業して今日に至っている。右端にミシン目があり、乗車券の半券であることがわかる。スタンプの日付が判読できないが、開通まもない時期と思われる。

【09-04】「モダン電車と絵のような展望/湘南電鉄」とあるが、現在も運行しているJRの愛称「湘南電車」のことではない。大正一四年設立の「湘南電気鉄道」が、このしおりの路線「浦賀~黄金町」および「湘南逗子~金沢八景」で営業開始したのは昭和五年(1930年)四月のことだった。翌年一二月までの短い期間、黄金町と横浜の間を「連絡自動車」で接続して、東京方面(品川)からの京浜電気鉄道の旅客を受け入れていた時期のしおりである。それ以降は、品川からの直通運転となり、昭和一六年(1941年)に合併・解散し「京浜急行」となって現在に至っている。

【09-05】「博覧会から有馬温泉へ四十分 神有電車」とある。博覧会の会場としてしばしば賑わった神戸港近くの「湊川」と有馬温泉を結ぶ神戸有馬電気鉄道は、昭和三年一一月に開業している。昭和初期には博覧会が流行し、神戸でもしばしば開催されていたので、どの博覧会のものかは特定できない。

09-06

09-07

【09-06】「OSK Line」の文字が見えるが、これは「大阪商船」。その他、人気を二分していた「日本郵船」や外国航路の定期船など、様々な船舶会社の人気大型船の勇姿をしおりにして、昭和三〇年代には、横浜、神戸など

09-08

09-09

国際港の周辺を中心に観光みやげとして販売されていた。

【09-07】明治一八年（1885年）に東京の隅田川を上り下りし始めた乗合蒸気船が、日本の「水上バス」の始まりと言われている。このしおりに示された運行ルートもそれである。乗合蒸気船は、発足時の料金が一銭だったことから、長い間「一銭蒸気」とも呼ばれ、その俗称は戦後まで続いたようだ。現在は「東京水辺ライン」と名づけられて親しまれ、路線も増えている。

【09-08】都会の交通機関をテーマにした市販品のしおりの一枚。この「トロリーバス」は、屋根の上にある棒状のものから電気を供給して走行する「無軌道電車」すなわち、線路のない電車である。簡単に敷設できることから東京都交通局が戦後復興の新交通機関として始めたのが有名だが、大型バスの出現に存在意義が薄れてしまい、廃止された。昭和二五年（1950年）からわずか一六年間しか運行していない。

【09-09】昭和二九年（1954年）三月二五日の「電気記念日」に「電気を上手に使いましょう」というキャンペーンを日本電気協会が行った際のものである。ウラ面に「日本で初めて電灯がともった日、それは七十六年前の明治十一年のことです」とあり、描かれているのは「銀座に初めて電灯（アーク灯）がともされた時のようす」である。

09-12

09-11

09-10

【09-10】東京・日本橋の「三越」の現在の本館は、昭和一〇年（1935年）一〇月に塔屋を含む部分の増築によって全館が完成した。ルネサンス様式の威容は、当時「国会議事堂」「丸ビル」に次ぐ大建築物として話題になった。これは、三越の「文房具部」が「記念栞」として配布したもの。

【09-11】前項の「全館落成」で話題が盛り上がっていた時期の、新学期シーズンのものと思われる。「三越・学用文具製作実演の会」「会期　三月二十日より二十九日まで」とある。

【09-12】これも「三越」のシンボルとなった塔屋を図柄にしたしおり。スタンプを押すた

09-13

09-14

09-15

めと思われる空欄が設けられている。何かのイベント参加記念だろうか。

【09-13】「物産館　京都駅前」とあるのは、大正九年（1920年）創業の百貨店。昭和六年（1931年）に「丸物」と改称して多店舗経営に踏み出したので、このしおりはその間のもの。丸物はその後近鉄グループ入りしたため、創業の地である京都駅前の「物産館」の古い建物は「京都近鉄百貨店」として長い間使用されていたが、平成一九年（2007年）に取り壊された。

【09-14】「白木屋呉服店」は現在「コレド日本橋」が建っている日本橋交差点の地に、江戸時代からあった老舗。三越と同様に呉服店から百貨店へと転換したが、戦後には経営不振から東急グループ入りし、「東急百貨店日本橋店」となった。「帝劇御見物記念」と謳われているのは、顧客サービスの観劇会だろうが、ライバルの「三越」を意識したものでもある。「今日は帝劇　明日は三越」の名コピーが登場したのは大正二年（1913年）のことだが、このキャッチフレーズは大正期から昭和初期まで生活風俗に大きな影響を与え続けた。

【09-15】横浜開港記念日しおり。「昭和十三年六月二日」とある。横浜の開港記念日を旧暦に従って「六月二日」と定め直したのは、昭和三年（1928年）の横浜市議会での議決以降のことである。

JOJG
國旗とラヂオ
戸毎に備へよ
山形放送局
ラヂオ一つで
世界のニユースを一瞬に傳へ
都會と農村の文化を一つに結び
一家團欒の裡に笑つて暮せる

09-19

大阪中央放送局
ピーと泣かすな 子供とラヂオ
明朗聽取 調節第一
近所迷惑 再生雜音 ラヂオ道徳守りませう
ラヂオの聲が
濁り勝ちであつたり、調節するにつれて
ピーピーピユーピユーといふ音が出たりする。
受信機をお持ちの方は、一應
ラヂオ相談所又はラヂオ商に御相談の上
悪い所をお直し下さい。
アースだけでラヂオをお聽きになると
時々聲の大きさが變つたり
雜音が入つたり、御近所の
ラヂオの調節を狂はすことがありますから
是非アンテナをお用ひ下さい。
認定品をお使ひ下さい。

09-17

ラヂオの殿堂放送會館

09-16

東京日日新聞社

09-18

【09-16】「ラヂオの殿堂放送会館」とだけ記されている。おそらく東京中央放送局（現在のNHK）の建物への見学記念のしおりと思われる。JOAKのコールサインで放送していた東京中央放送局は、JR新橋駅から数百メートルとほど近い高台の愛宕山に放送塔を設置していたが、放送局としての業務は、新橋・内幸町の放送会館で行っていた期間が長い。それは戦時中から戦後まで続いた。

【09-17】大阪中央放送局（現在のNHK大阪）の建物が大きく描かれている。「ピーと泣か

09-21

09-20

すな 子供とラヂオ」のキャッチフレーズで、「明朗聴取」を呼びかけている。当時のラジオは、チューニング時によく甲高いピーという音が耳を突いた。そうした同調機能が劣る粗悪品や、調整の不備に対する注意を喚起しているのだろう。

【09-18】「東京日日新聞」は、現在の「毎日新聞・東京本社」。これも新聞社見学記念しおりと思われる。記事の送付が伝書鳩から飛行機へ近代化していることを表現したものか。

【09-19】「JOJG」「国旗とラヂオ／戸毎に備へよ／山形放送局」とある。第二次大戦前の時期と思われる地方ラジオ局のしおり。「ラヂオ一つで／世界のニュースを一瞬にして伝へ／都会と農村の文化を一つに結び／一家団欒の裡に笑って暮らせる」とあるのが、今日的な観点では様々な意味で情報文化への皮肉にも受け取れる。

【09-20】昭和一一年四月一〇日から五月末まで、大阪毎日新聞社が中心となり「阪神 浜甲子園」で行われた「輝く日本大博覧会」の記念しおり。この時期になると、国威発揚に呼応する形で、全国の至る所で「博覧会」が催されるようになっていた。

【09-21】「名古屋汎太平洋平和博覧会」のしおり。昭和一二年（1937年）三月一五日から五月三一日までの七十八日間にわたって開催されたイベント。一〇〇万都市となった名古屋市が、総力を挙げて開催したものだった。

政治博覽會
昭和十二年四月一日～五月廿日
旧議事堂
主催
東京日日新聞社
大阪毎日新聞社

09-23

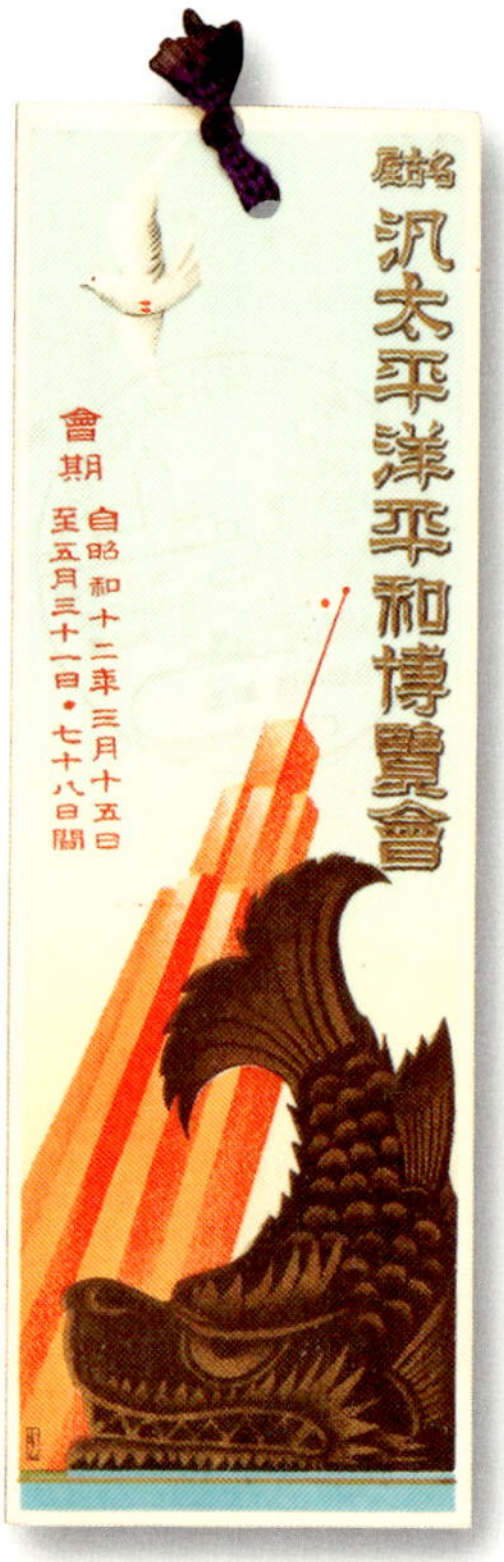
名古屋
汎太平洋平和博覽會
會期
自昭和十二年三月十五日
至五月三十一日・七十八日間

09-25

國產振興
四日市大博覽會
會期 昭和十一年三月廿五日ヨリ
五月十三日マデ 五十日間
MADE IN JAPAN
會場 四日市港頭
主催 四日市

09-24

北海道大博覧會
会期 昭和十二年七月七日
八月二十五日 五十日間
OTARU
会場 小樽市

09-22

【09-22】昭和一〇年代の「博覧会ブーム」は全国に飛び火し、それに合わせて絵はがき、しおりの発行は盛んになっていった。これは

プラネタリウムで
美しい星の世界
有楽町
帝都に出來た新名所
東日天文館

09-26

小樽市で昭和一二年（1937年）七月から八月に開催された博覧会のしおり。

【09-23】昭和一二年四月一日から五月二〇日まで、東京日日新聞社と大阪毎日新聞社が主催した「政治博覧会」のしおり。

【09-24】昭和一一年三月二五日から五月一三日まで開催された「国産振興四日市大博覧会」のしおり。主催は三重県の四日市市。戦後、石油コンビナートの拠点のひとつとなって「四日市ぜんそく」などの公害も引き起こしたが、戦前も交易都市として栄えていた。絵柄の荷にある「MADE　IN　JAPAN」の文字に「国産振興」のテーマが象徴されている。

【09-25】前ページで紹介した「名古屋汎太平洋平和博覧会」しおりの別バージョン。名古屋のシンボル「金の鯱ほこ」が大きく描かれている。

【09-26】「帝都に出来た新名所　東日天文館」と下端にある。東日天文館は、昭和一三年（1938年）に有楽町にあった東京日日新聞（現在の毎日新聞）の会館内に開館した東日本では最初のプラネタリウムだった。昭和二〇年（1945年）の東京大空襲によって焼失してしまったため、開設期間はわずか八年だったが、戦争に邁進していた混迷の時代に、天文学への扉を開かれた青少年は多かったと言われている。

和本の「栞」

◉今ではエコロジーの観点からそうしたサービスはあまり行われないのかもしれないが、少し前まで文庫本を買うと、書店名などを印刷したカバーをかけ、頁の間には出版社が制作した小さな栞をはさんでくれたものだった。文庫によってはもともと栞紐を装備するものもあったが、そういう装本自体が少なくなってきたように思う。

◉これらは「洋本」に固有の附属物のように思いがちである。しかし、栞はアンカット仮綴本が稀になった時代におけるペーパーナイフの代用品という位置づけなのかも知れない。翻って和本時代の日本に栞はあったのか。出版時に書物の一部として本体に巻かれるカバーが、和本をくるむ筒状の紙＝「袋」からの変化であることはよく知られているのであるが。

◉カバー以上に、エフェメラのエフェメラたる所以によって栞は失われがちである。頁にはさまれる存在様式からして、たちまち滑り落ちいずこへか消えるのは避けがたい宿命に違いない。古書店や古書市の和本の山を、私もこれまで散々掘り返してきたが、「栞」と呼べるようなものに出会ったことは数えるほどしかない。

◉はじめに掲げるのは麦藁細工の栞である。柾目の美しい細長い「へぎ板」の上辺を弧状にカットし、穴をあけた姿は今日でもそれとわかる「栞」そのものである。表面は、色とりどりに染めた麦藁の微細片を貼りつけた麦藁細工で、岸から小舟を漕ぎ出す船頭が川面に掉さし、水面に舞う落雁の向こうには島影が見える。四角い赤の麦藁片は落款印のつもりであろう。上部の穴は満月に見立てることもできる。兵庫県城崎が名高く、東京大森でも作られたという伝統工藝「麦藁細工」であるが、これほど片々たるものは見たことがない。この「栞」は「御枝折」と刻した同形同大の粗末な墨摺の包み紙にくるまれ、『女萬歳寶文庫』というい わゆる「女庭訓」本の大冊にそっと挟まれていた。天保八年（一八三七）大坂心斎橋の柏原屋清右衛門からの再刻と刊記にあるが、画師の法橋関月すなわち蔀関月は寛政九年（一七九七）の没であるから、初刊は更に数十年遡るはずである。ただし、明治初年までは書肆の店頭に並んだのではないかと思われる。出版書林による「附録」なのか、発売書肆の「おまけ」（サービス）なのか、はたまた嫁入り道具に持たせた親が別に買いもとめてそっと忍び込ませたものなのか、由来は明らかでないが、いずれにせよ本が流通した時期の栞と考えて良さそうである。

◉同じように、明治期刊行の和本（やはり修養書の類だったと思う）に挟まれていたのが、一條成美の筆になる愛らしい少女像の栞である。正月の縁側でもあろうか、「肩上げ」「身上げ」をした晴着を着せられて、髪にリボン飾りも見える盛装の少女が、柱に凭れて猫と戯れる。何

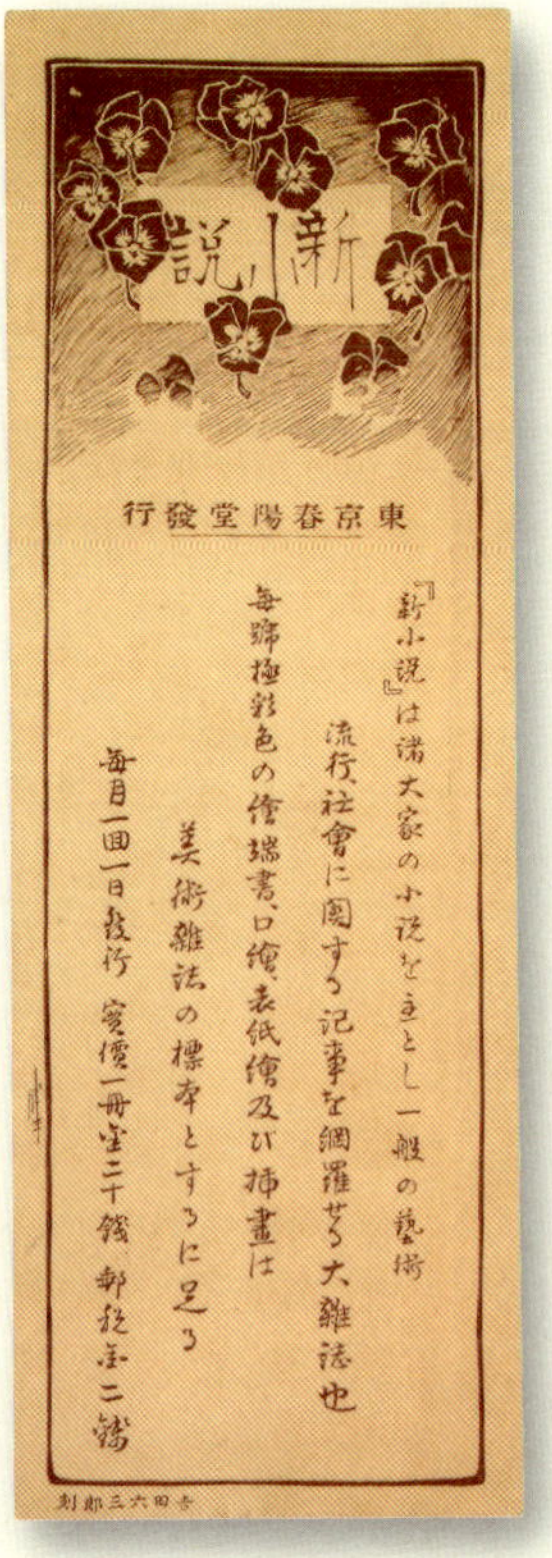

熊田司

かの挿絵やコマ絵の版木を再利用したものか、薄緑に刷られて情趣が深い。しかし、裏面の花模様を散らした月刊誌『新小説』の広告も一條のデザインであり、摺り色は褐色に変わるが、表裏とも名高い彫師吉田六三郎の刻になる版木の機械摺である。大きさはB5版を横に四分した位あって、最近までよく見かけた文庫栞よりふた周りほど大きいが、機能はほとんど変わらぬ出版広告のカード型である。『新小説』の出版元である春陽堂が自社刊行小説本などに挟みこんだもの、ないし販売書店に配布したものと思う。三十二歳で夭折した一條の活躍期、明治三十年代から四十年代にかけてのものであろう。

◉明治の小説本では博文堂も見落とせない。『雪中梅』『経国美談』と並ぶ「三大小説」の声が高い東海散士柴四朗の『佳人之奇遇』は、明治十八年（一八八五）から足かけ十三年に及ぶ息の長い出版であった。スタンダードな「ボール表紙」であった前二者と異なり、『佳人之奇遇』は和本仕立てながら唐風、洋風をまじえた独特の造本を、全十六巻通して貫いた。その特徴の一つが緑の絹紐二筋を栞紐に用いたことである。やや縦長の版型を用い、康熙綴じに留められた表紙は雲母（きら）を交えた暗緑青灰色で、濃い色の玉を思わせる。見返の扉は鮮やかな緑の染紙。題も本文も木版摺りながら挿画は概ね三枚の石版を見開きにして折り込み、丁のノドに貼り付けている。奥附の「発行証」（検印紙）は、彫刻石版の印紙風に「東海散士之印」の変形印を捺し、インクで「S.S.」のペン書き署名を施した上、割印を捺すというご丁寧さである。後には、艶のある石版印刷の長円型ラベルに変わるが、こうした風変わりな意匠は東海散士の本以外にほとんど例を見ない。

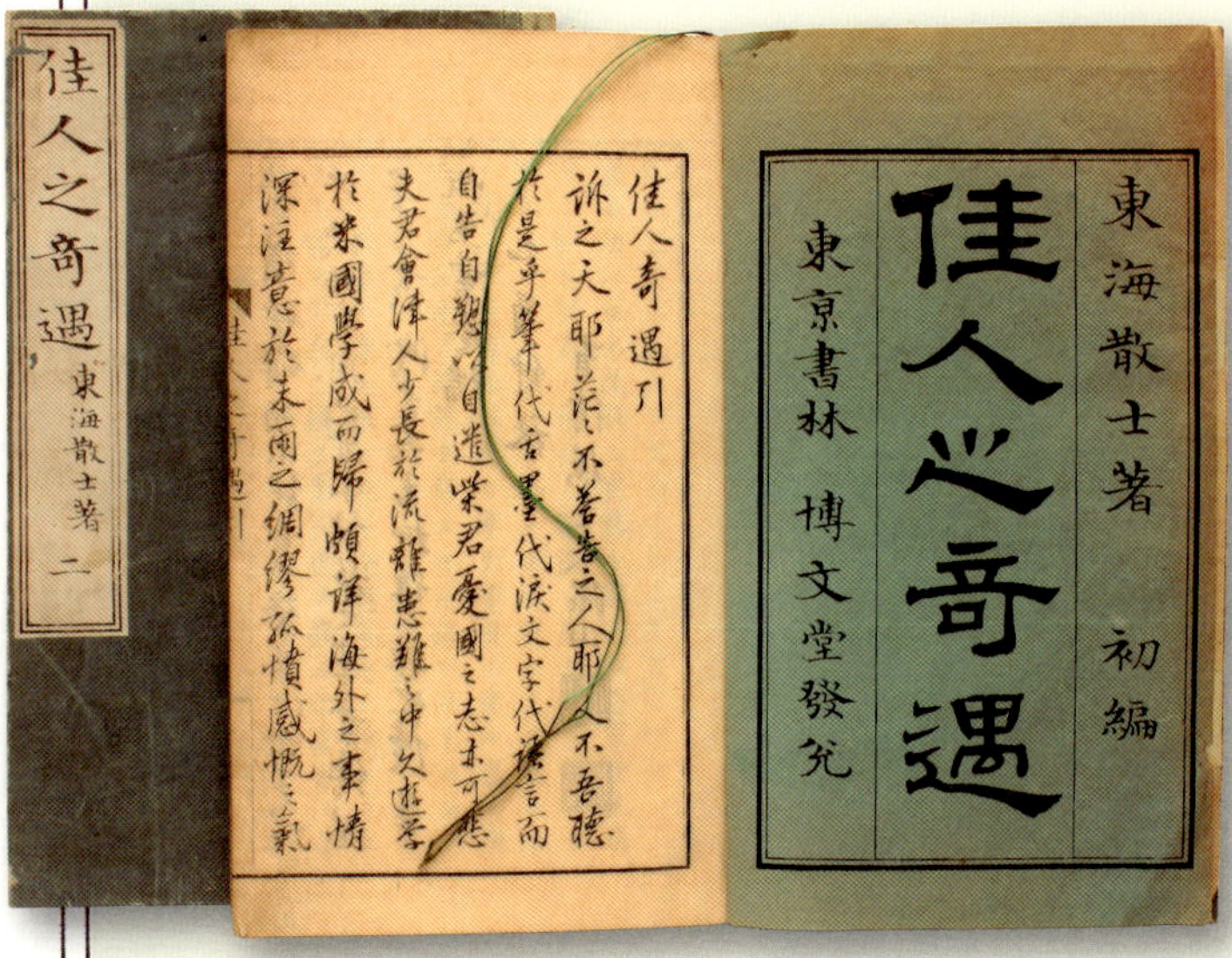

◉大正四年（一九一五）、兵庫県今津で創刊された『上方趣味』は手摺木版挿画をちりばめた和本仕立ての趣味雑誌であるが、大正六年（一九一七）の「絵巻二」には、『佳人之奇遇』に倣ったか、紫の綴じ紐に同色の紐をつなぎ木版摺の円形和紙を両側から貼り合わせた、凝った意匠の栞が見られる。片面には編笠を被って駆ける人物の絵に「心斎橋」と記し、裏は全面「大丸」のマークになっている。キリンビールの木版広告絵とも呼応して洒落た雰囲気を醸し出す。

メッセージ

本の間に挟みこまれるしおりは、街中で人々の注意を呼び覚ますポスターなどと異なり、何度も繰り返し、その持ち主個人に訴えかけるメッセージを託されたものも多い。キャンペーン標語にとって、しおりは最もふさわしいアイテムだったのかもしれない。次章を「戦時」としたが、それでも、インパクトの強い「戦時」のメッセージは、こちらの章に組み込まれている。

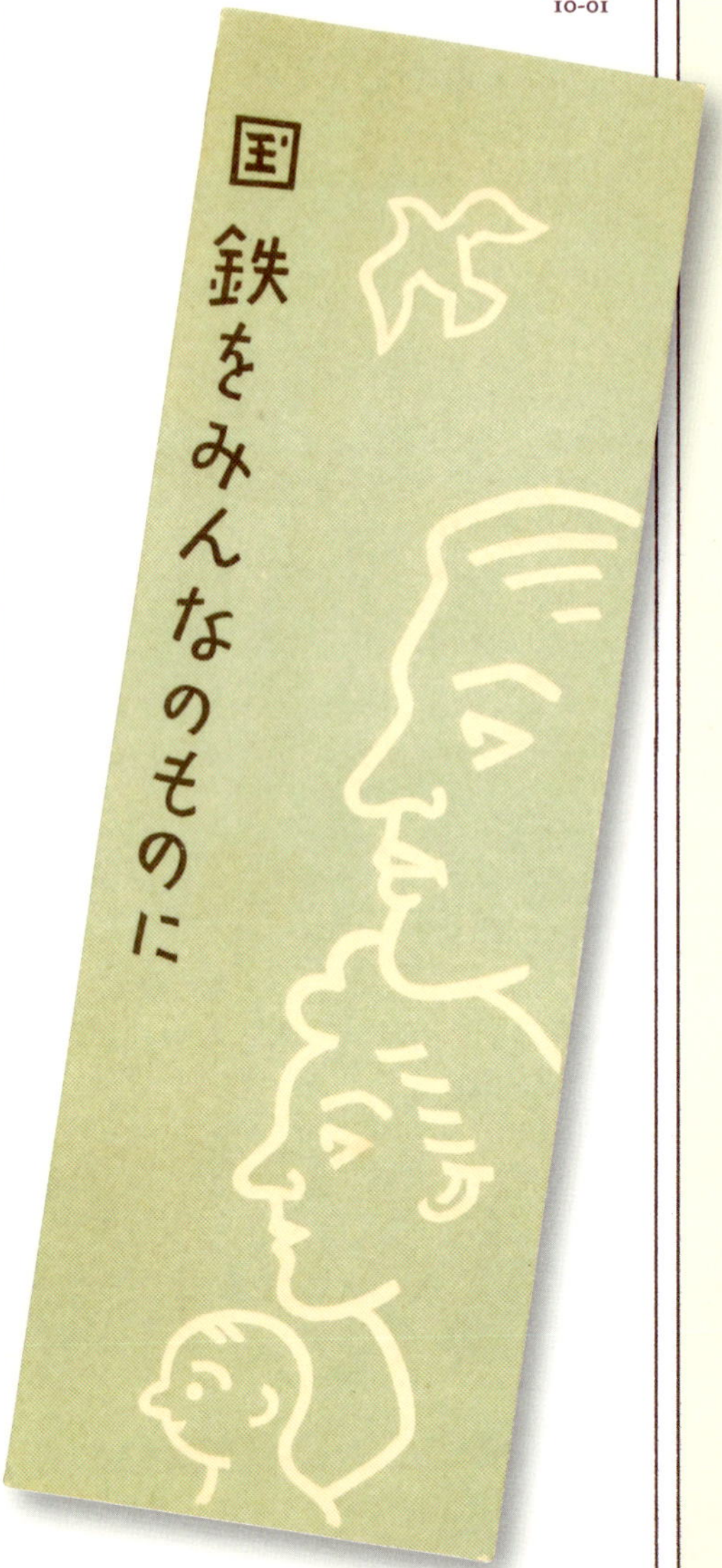
国鉄をみんなのものに

10-01

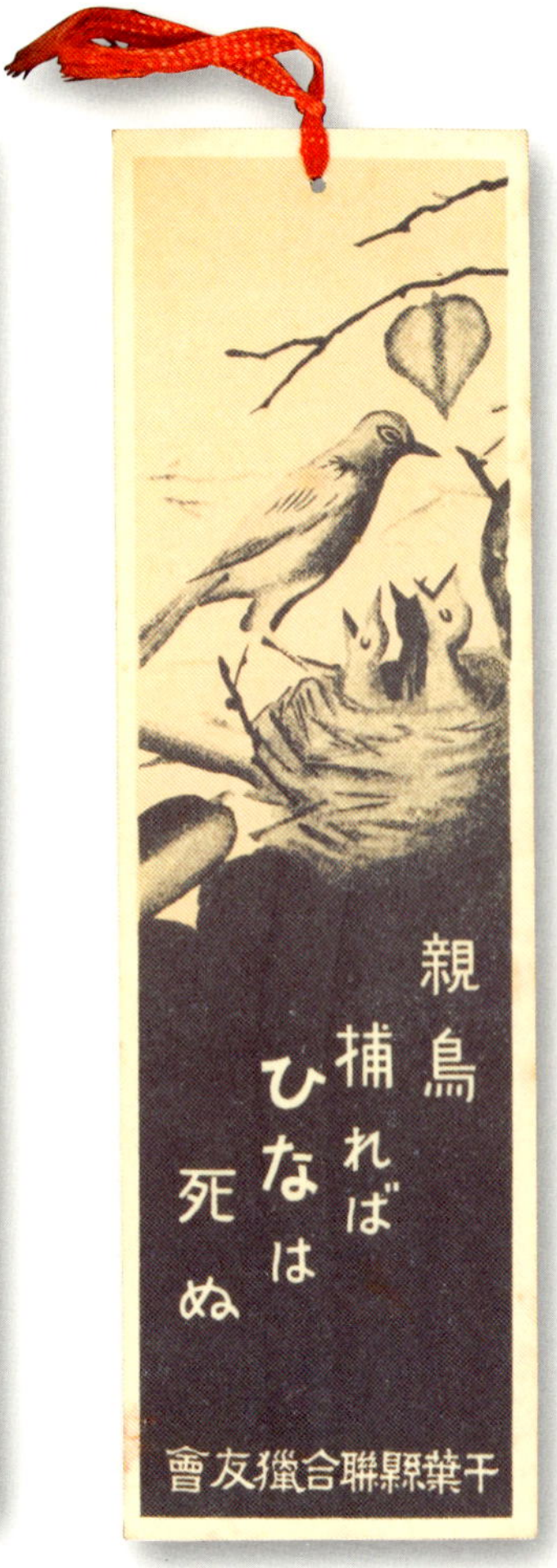
親鳥捕れば
ひなは死ぬ
千葉縣聯合獵友會

10-02

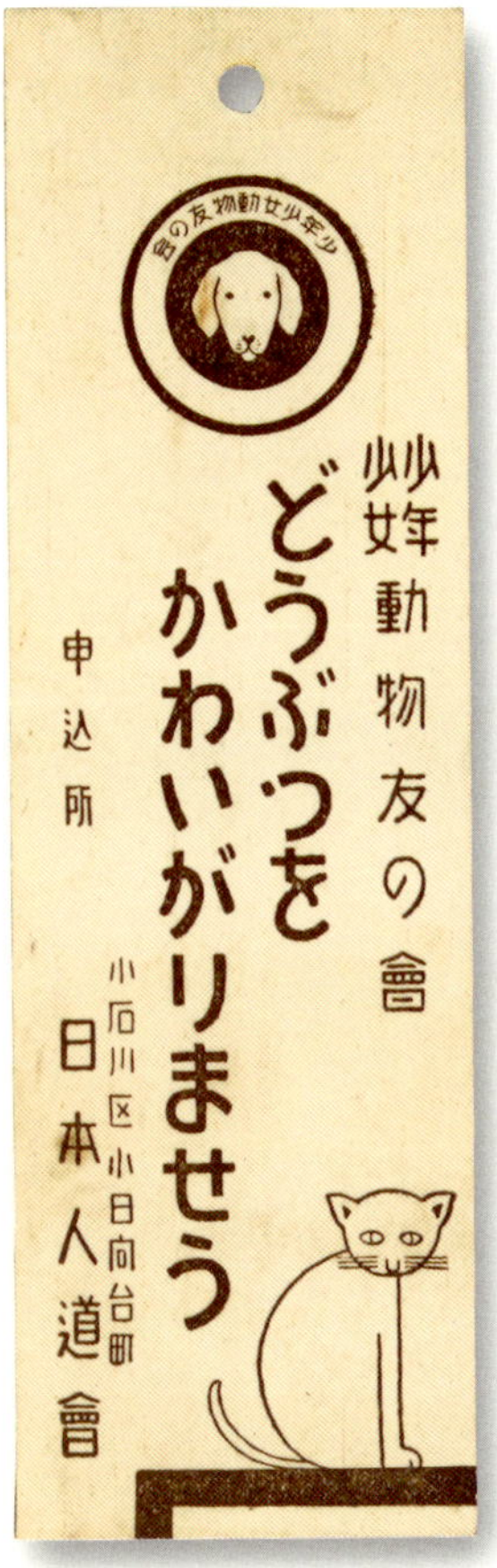
少年少女動物友の會
少年少女動物友の會
どうぶつをかわいがりませう
申込所
小石川区小日向台町
日本人道會

10-03

【10-01】昭和三四年（1959年）にピークを迎えて長い闘いとなった「国鉄労働争議」に関連した組合側のキャンペーンしおりと思われる。戦後の労働運動は、家族を守るということから「家族のきずな」を連想させるイラストを配するのが特徴だった。

【10-02】「千葉県連合猟友会」名のキャンペーンしおり。「親鳥捕れば　ひなは死ぬ」のストレートな表現が痛々しい。旧漢字の使用から、戦前から戦中のものと思われる。

【10-03】日本の「動物愛護運動」は明治維新以降、日本の近代化とともに始まった。「日

10-04

10-05

10-06

本人道会」を中心に明治末期には全国的な運動に発展して行ったが、その一環として「少年少女動物友の会」が発足したのは、昭和六年（1931年）一〇月だった。同会が、いつまで存続したかは未詳。創立委員長は新渡戸稲造夫人の新渡戸萬里子だった。

【10-04】「昭和五年十月一日午前零時現在国勢調査　全国一斉」とある兵庫県のしおり。日本の国勢調査は、大正九年（1920年）に第一回が実施され、以後、終戦直後の混乱期は二年遅れて昭和二二年（1947年）に例外的に行われたが、五年ごとに、一〇月一日を基準に調査が継続している。

【10-05】「うっかり大火／煙草の吸殻」とある火災予防運動のしおり。「火災予防運動」が正式に消防協会の行事として行われた「第一回」は、昭和五年（1930年）だった。毎年標語が制定されているようだが、この標語が何年度のものかは不明。

【10-06】日本の「国土緑化運動」は昭和九年（1934年）の「愛林日記念植樹」から始まっていたが、第二次大戦後、荒廃した国土の復活を目指し、昭和二二年（1947年）一月に「森林愛護連盟」が結成され、昭和二五年（1950年）には、国土緑化推進委員会が発足「緑の羽根」運動も始まった。このしおりの標語「緑の山から平和の光」は、その翌年、最初の運動ポスター標語コンクールで選ばれたもの。

十二月一日
防火デー
良き器具を正しく使ひませう
東京電燈株式會社

10-07

出すな山火事お国の爲に
青森營林局

10-08

あたらしい装いに
ちいさな白いアクセント

10-09

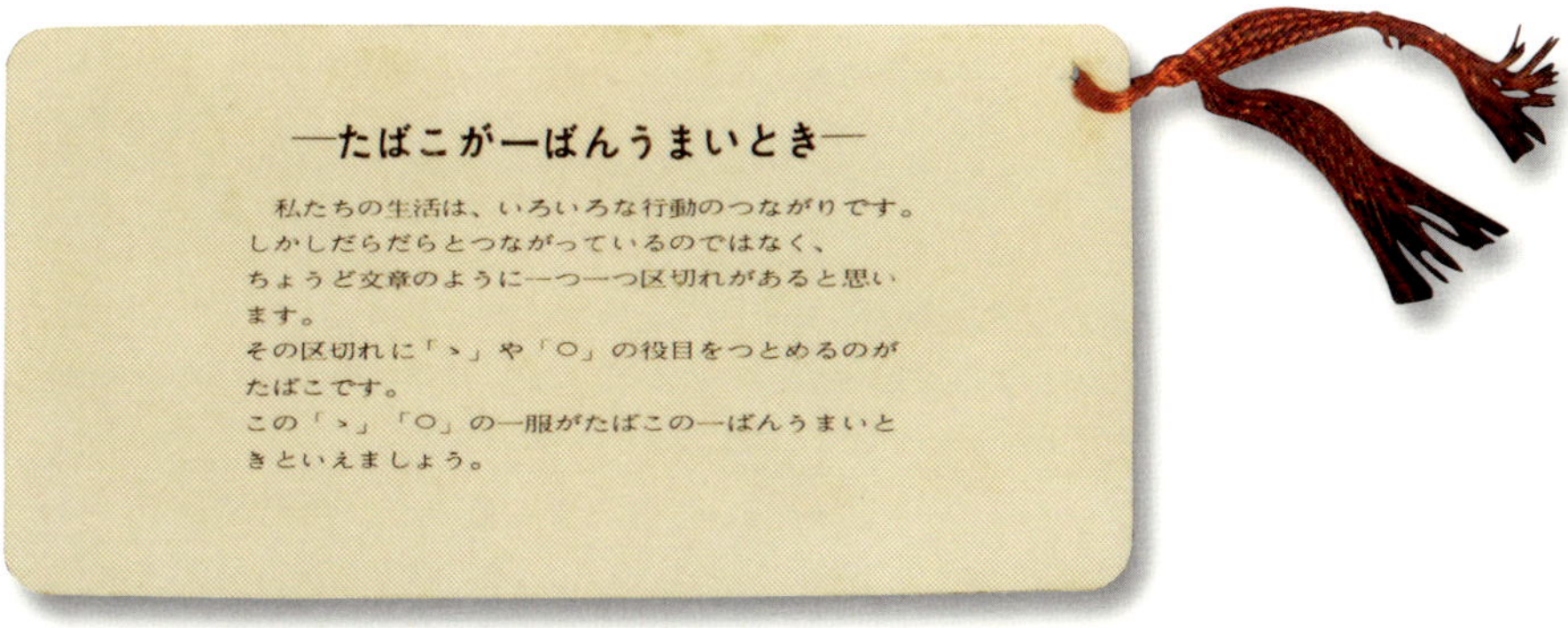
—たばこが一ばんうまいとき—
私たちの生活は、いろいろな行動のつながりです。しかしだらだらとつながっているのではなく、ちょうど文章のように一つ一つ区切れがあると思います。
その区切れに「、」や「。」の役目をつとめるのがたばこです。
この「、」「。」の一服がたばこの一ばんうまいときといえましょう。

10-10

【10-07】火の見やぐらと火事を描き、「良き器具を正しく使いましょう／東京電灯株式会社」とある。器具の不良による「電気火災」に対する注意を呼び掛けたしおりである。「十二月一日」とある「防火デー」が定められたのは昭和五年（1930年）からで、このしおりも戦前のもの。第二次大戦後のGHQ（連合軍総司令部）占領下では、アメリカと同時開催で一〇月二一日から二七日までの一週間を「火災予防週間」と定めていた。

【10-08】「青森営林局」の名があるが、全国一斉の「山林火災予防運動」の標語しおりだろう。標語中の「お国の為に」から、戦時中のものと思われる。

【10-09】【10-10】同じしおりのオモテ・ウラ。今も昔も、タバコは重要な税収のひとつだが、戦後のタバコ消費増大を支えたのは女性喫煙者だった。タバコを生活の中でのおしゃれな区切りとする古典的なキャンペーンに、多くの「新時代の職業婦人」を標榜する女性が賛同したのは昭和三〇年代後半から四〇年代だった。

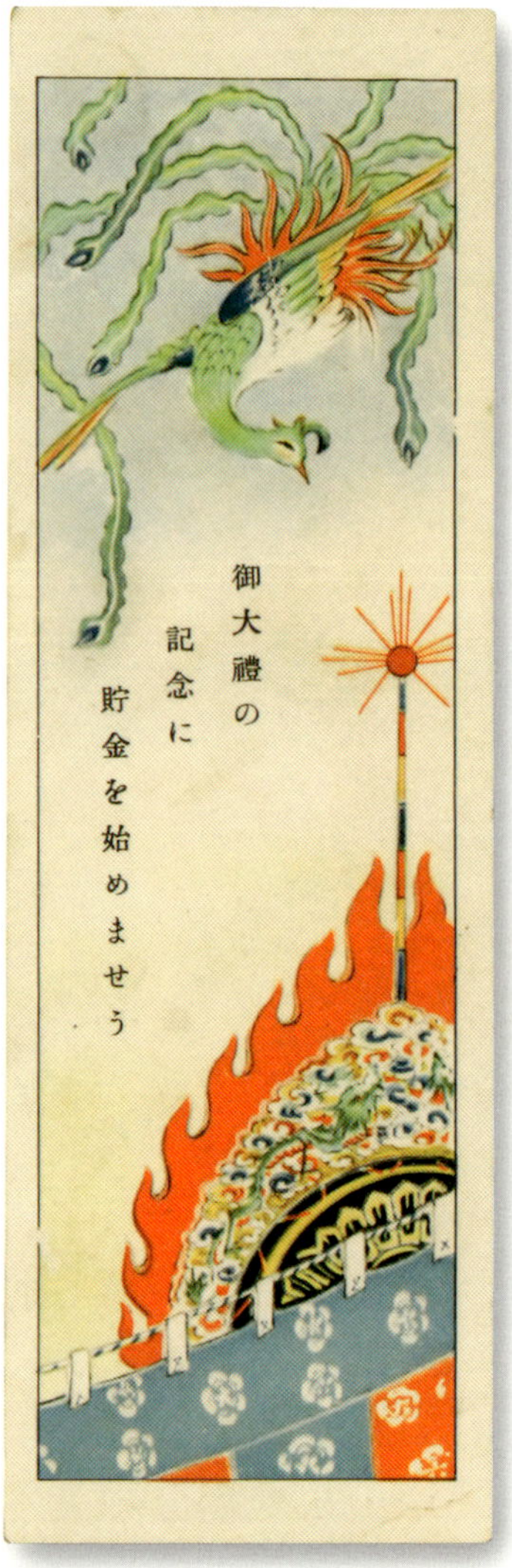
御大禮の
記念に
貯金を始めませう

10-15

ためる楽しみ
一、ためて置いてよかったと思われる時が必ずまいります
一、ためるということは何とも言えない楽しいものです
一、お金で持っていたら何に使ったともなく必ずなくなってしまいます
皆様の金庫
東海銀行

10-12

郵便貯金
國は我等の一錢に富む
遞信局

10-11

旗は
日の丸
保険は日共
日本共立生命

10-14

僕モ
保険ニ
ハイルンダ
日本共立生命

10-13

10-16

10-17

【10-11】「大阪逓信局」の貯蓄キャンペーンしおり。「国は我等の一銭に富む」として国家の「戦費調達」を国民的課題としていた。

【10-12】昭和一六年（1941年）に、戦時合併指導で愛知県下の三銀行によって設立された「東海銀行」のしおり。新かなづかいのものだが、これは第二次大戦直後のものだろうか。昭和三〇年代に同行は「福助」を模したキャラクターでキャンペーンを行っていた。

【10-13】【10-14】どちらも「日本共立生命」の、戦時中と思われる勧誘キャンペーンしおり。日本共立生命は、いわゆる近江商人の資本力を背景にした生保会社。明治末期の発足から合併を繰り返して成長したが、昭和一七年（1942年）に「帝国生命」（現在の「朝日生命」）と合併した。

【10-15】昭和天皇の即位記念（御大礼）にあたっての貯金を促すキャンペーンしおり。全国の郵便局で展開されたと思われる。

【10-16】、戦前、「リーグ戦」の代表格は「東京六大学野球」だったが、どうやら「ゆかた観戦」スタイルを提案し、登録商標化していたメーカーがあったようだ。文中に謳われている「水原」は、慶応の名三塁手として活躍し、昭和一一年（1936年）に東京巨人軍に入団、戦後は監督として第二次巨人軍黄金時代を築いた水原茂だろう。

【10-17】戦前のものと思われる「雑誌週間」のキャンペーンしおり。

10-18

10-19

10-20

10-21

【10-18】「日本文庫協会」として「日本図書館協会」の前身が設立されたのは明治二五年（1892年）のことだった。「図書館」という言葉が定着して明治四一年（1908年）に改称されたが、社団法人化されたのはさらに遅く、昭和四年（1929年）になってからのことだった。このしおりが法人化後のものであることは確かだが、「読書普及運動」などについては不明。

【10-19】「国旗は日の丸／新聞は朝日」と標語された朝日新聞のしおり。おそらく、国威高揚が国民的課題となり始めた昭和一〇年代のものだろう。

10-22

【10-20】国民新聞は昭和一七年（1942年）に戦時統合により「都新聞」と合併命令が出され「東京新聞」となって名称が消滅、今日に至っている。徳富蘇峰によって明治期に創刊された政治的論陣を張る新聞だったが、大正中期以降、大衆化が図られた。「ミナサンノ／一番ヨイ／オナカマニ／ナリマシタ」とあるのは、イラスト中にある「子供ペーヂ」を指している。

【10-21】下欄に「ヒドリ自転車技術研究部／大木菊華」とある。「ヒドリ自転車製作所」は大正九年（1920年）に創業した高性能自転車メーカー。同ブランドは、東京・葛飾で昭和三〇年代まで製造を続けていた。社内に自転車レース選手を抱えており、有力選手には後援会もあったというから、このしおりも、そうした人気選手が起用された一枚だろう。「日本全国軍人学生慰問」とあるのは戦時中の活動だったからだろうか。

【10-22】東京市水道局のキャンペーンしおり。江戸市中の上水道を受け継ぎ、明治維新以降、東京は人口増加に伴う郊外への市街地拡大に応じて、駒沢、本郷、渋谷、淀橋など次々に給水場の建設を繰り返して対処してきたが、それらが「大東京市構想」によって一元化されたのは昭和八年（1933年）のことだった。このしおりは「大東京市水道局」としての加入キャンペーンのひとつだろう。まだ水道加入世帯ばかりではなかった時代である。

10-23

10-24

10-25

10-26

【10-23】昭和一三年（1938年）一一月七日から一三日まで開催された「図書館週間」のしおり。「国民精神作興／読め！ 思へ！」「伸ばせ国力／磨けよ智識」と、時代を反映して勇ましい。

【10-24】150ページの同じ標語のしおりは男児がモデル。これは、それと一対になる女児モデルのしおりである。子どもの貯金も戦費としなければならないほどに、国家財政は逼迫していた。

【10-25】傷兵救済の寄付金募集キャンペーンだろうか。右下に「松竹映画」のマークが見えるので、映画の観客に配布したものだろう。昭和一〇年代半ば以降、国内は戦時一色に染まっていた

【10-26】「国民総動員令」の異常な風潮の中から生まれ、軍部の方針を追認する政治体制を支える「大政翼賛会」は、戦時下の日本を動かす唯一の政治勢力と言ってよい存在だった。このしおりの下段には「大政翼賛会神奈川県支部／神奈川県学校報国団」の名が見える。「大空は／若い君たちを／待つてゐる」の標語によって、多くの青年が戦場へと送られていった。

【10-27】【10-28】どちらも、「雑誌は／大日本雄弁会講談社」と書かれ、勉学に勤しむことを奨励する言葉が書かれている。描かれた子供たちの生真面目な表情に、当時の国家が求めていた少年少女像がうかがえる。

10-29

10-28

10-27

【10-29】アメリカの初代大統領であるワシントンの言葉を掲載したしおりである。詳細未詳だが、反日感情を鼓舞していた戦時下のものであるはずはない。戦後のアメリカ文化礼賛の時代のものと思われる。

【10-30】「賞/小学館」とあるので、何らかの読者向けの商品と思われるが、詳細未詳。右下隅にイラストの作者として「YH」のサインがあるが、これも詳細未詳。

【10-31】「河目悌二　画」と記載されたイラストに「チリもつもれば/山となる」とあり、上空には戦闘機が描かれている。これも子供の貯金からの戦費調達キャンペーンしおりだろうか。

【10-32】「純国産/専売特許/KK安全時計硝子」とあるが、「KK」は、明治二八年(1895年)に大阪で創業された「小西光澤堂」の略。昭和六年(1931年)に、このしおりに謳われている強度を飛躍的に増した製品を開発して、国内シェアの大半を獲得している。昭和三〇年代以降、プラスチックに押されメガネフレームの生産に移行し、現在は輸入メガネフレームの老舗「光澤堂眼鏡店」として存続している。

【10-33】「第三回/栞・交換会」とあり、「昭和七年七月十日」の開催とある。趣味家(「趣味創作しおり」の章参照)のしおり交換会のようだが、開催地などは不明。イラストは「火の用心」の文字から成っている。

10-30

10-33

10-32

10-31

戦時

文字通り、昭和一〇年代から昭和二〇年の終戦まで、日本全土を覆っていた戦時体制下に配布されたと思われるしおりを集めた。強いメッセージ性を持ったものは前章に掲載したので、ここでは、他の章に掲載したものと同じ商品が、この時期にはどれほど異なった観点、価値観で謳われていたかを感じ取れる。中原淳一の表紙が消えた『少女の友』も、その典型だった。

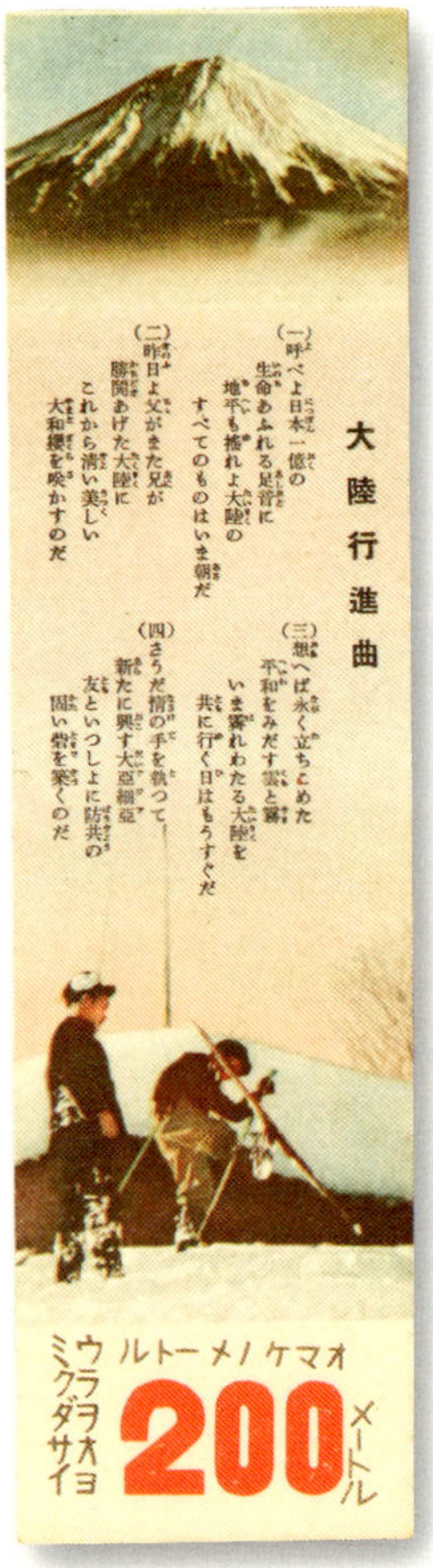
大陸行進曲
(一)呼べよ日本一億の
生命あふれる足音に
地平も揺れよ大陸の
すべてのものはいま朝だ
(二)昨日よ父がまた兄が
勝関あげた大陸に
これから清い美しい
大和櫻を咲かすのだ
(三)想へば永く立ちこめた
平和をみだす雲と霧
いま霽れわたる大陸を
共に行く日はもうすぐだ
(四)さうだ情の手を執って
新たに興す大亞細亞
友といつしよに防共の
固い砦を築くのだ
オマケノ
200
メートル
ウラヲオヨミクダサイ

II-02

愛國枝折
愛國行進曲
愛國行進曲入
六枚壱組
A
愛國行進曲
(二)
お〜清朗の朝雲に
聳ゆる富士の姿こそ
金甌無缺揺ぎなき
我が日本の誇なれ
愛國行進曲
(六)
ま〜悠遠の神代より
轟く歩調うけつぎて
大行進の往く彼方
皇國つねに榮えあれ

II-01

【II-01】『愛国行進曲』として第二次大戦中に日本で広く歌われたのは、一般公募の詞に『軍艦行進曲』で有名な作曲家、瀬戸口藤吉が付曲した「見よ東海の空明けて〜」と歌いだされるもの。昭和一二年（1937年）の年末に発表されたが、このしおりの歌はまったく

11-04

11-03

の別物である。一種のあやかり商法か。作者は不詳。ただ、有名な曲の方は、政府が著作権フリーとしたため、レコードだけでも各社から競作で大量に出回っているので、まがいものを作る理由がない。このしおりはそれ以前のものか。

【11-02】『大陸行進曲』は、昭和一三年（１９３８年）に、東京日日新聞と大阪毎日新聞によって公募、制定された「中国大陸への日本軍進出」をテーマにした歌詞。中支派遣軍軍楽隊が作曲し、ビクターレコードから発売された。『愛国行進曲』『日の丸行進曲』とともに、政府によって「全国民の必唱歌」として宣伝され大ヒットした歌だが、このしおりでは、下欄に注目。「オマケノメートル／２００メートル」「ウラチオヨミクダサイ」とあるのは、この部分を切り取って千メートル分集めると景品がもらえるという「新高ドロップ」の広告。ここにも「国を護った傷兵護れ／兵隊さんに慰問品を送りませう」とある。

【11-03】「愛知銀行」とあるのは現在の同行とは別。明治期に設立され、後に東海銀行から現在の三菱東京ＵＦＪ銀行となった。明治二九年（１８９６年）から昭和一六年（１９４１年）までの名称。

【11-04】「東郷学生服」は戦前の学生服の人気ブランドのひとつ。日露戦争における日本海海戦の指揮官として知られる東郷平八郎が円内に描かれている。

11-05

11-07

11-06

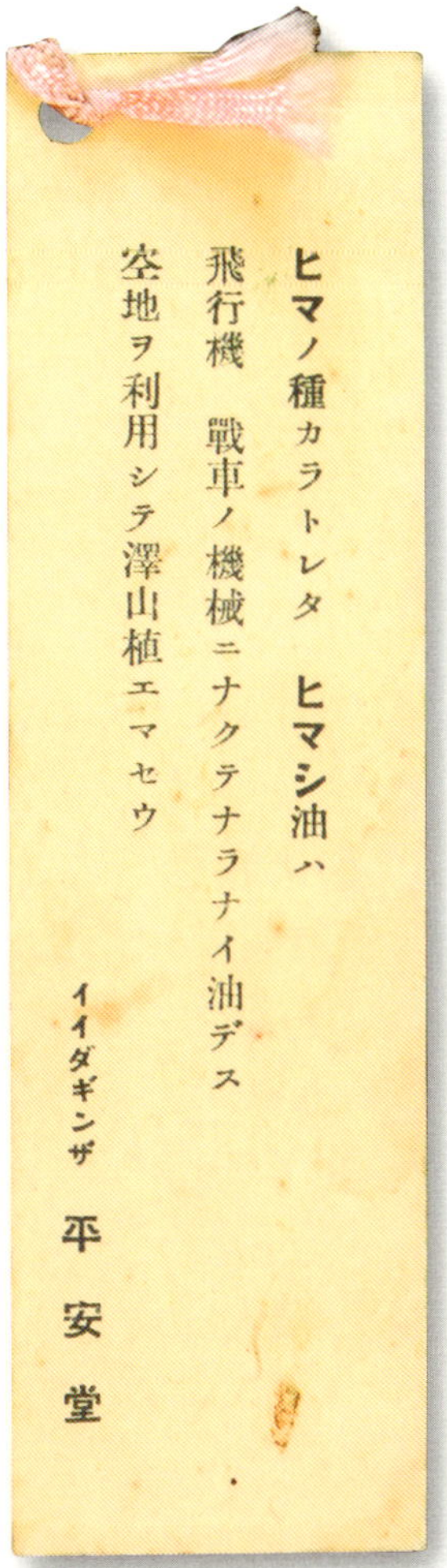
ヒマノ種カラトレタ　ヒマシ油ハ
飛行機　戦車ノ機械ニナクテナラナイ油デス
空地ヲ利用シテ澤山植エマセウ
イイダギンザ
平安堂

11-08

ヒマ
イイダギンザ
平安堂

11-09

【11-05】「通学服の最高権威」と謳われた「国旗印／通学服」のしおり。小学生の通学用の標準服として製造販売されたものだろうか。

【11-06】「スター鉛筆」は、戦前に多数あった鉛筆メーカーのひとつと思われるが詳細未詳。「優良国産」とあるのは、、図柄でもわかるように、「日本製が最優秀である」というナショナリズム的な言辞である。

【11-07】『大毎小学生新聞』のしおり。「大毎」は「大阪毎日」の略称。戦前、毎日新聞は東京で「東京日日新聞」、大阪で「大阪毎日新聞」を発行していた。行軍兵士の絵柄が登場しているが、まだ戦争の激しさは感じられない。

【11-08】【11-09】同じしおりのオモテとウラ。オモテ面のイラストの上部左に「ヒマ」、右下に「ヒマミ」とある。ヒマミは「ヒマの実」のこと。「ヒマ」は別名「トウゴマ」。当時の日本が占領していた南方の島で採れる「ヒマ」の実の中のタネから採取した油が「ヒマシ油」だった、下剤としても知られるが、戦時中はイラストにもあるように飛行機、戦車などの機械部品の潤滑油として使用され、「空き地を利用してたくさん植えましょう」と呼びかけてタネを売る商売も出現した。「イイダギンザ　平安堂」とあるのは、昭和二年（1927年）に長野県飯田市で創業し、様々な文化事業を拡大した書店チェーン「平安堂」の、戦時中の事業のひとつだろう。

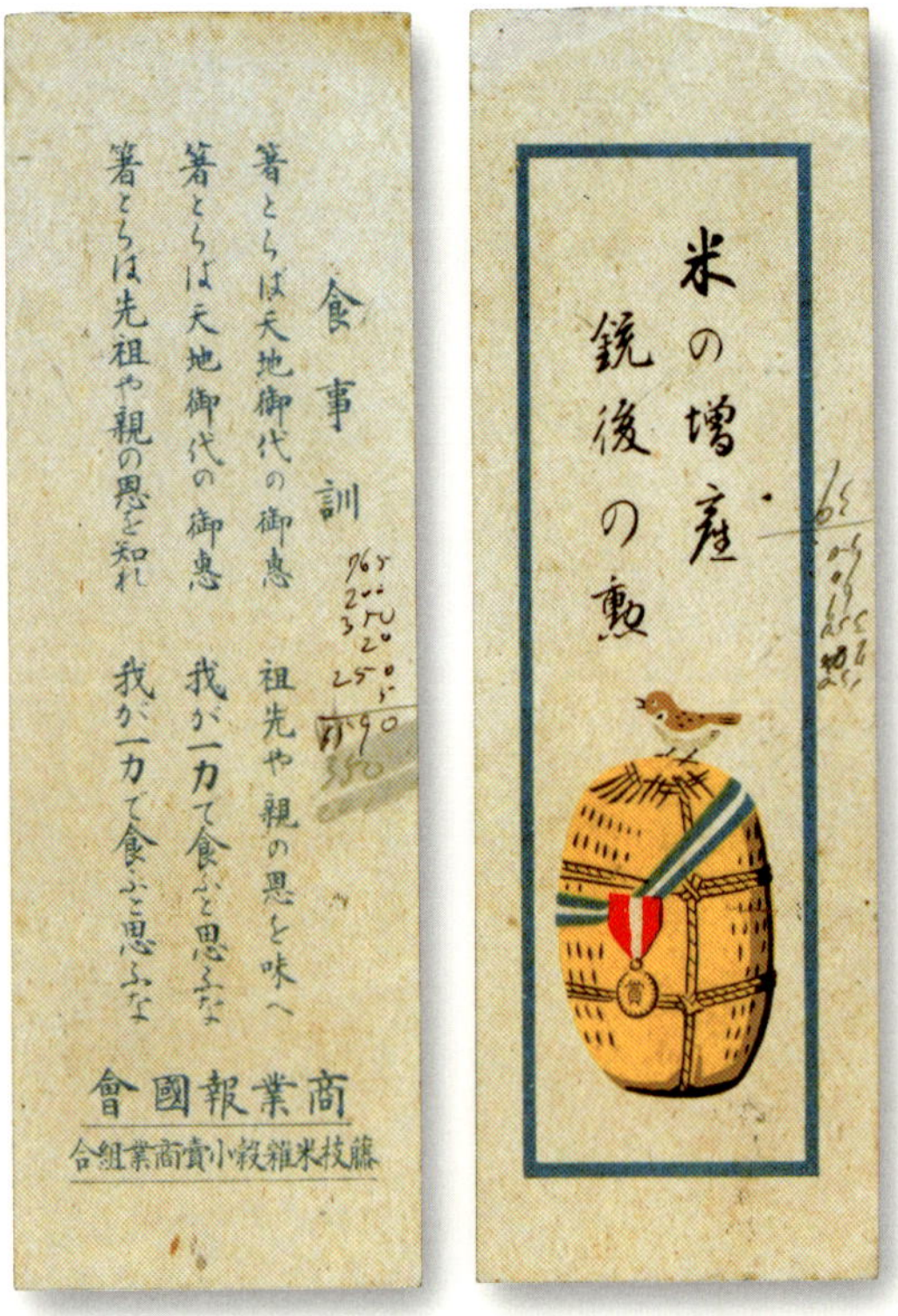
食事訓
箸とらば天地御代の御恵 祖先や親の恩を味へ
箸とらば天地御代の御恵 我が一力で食ふと思ふな
箸とらは先祖や親の恩を知れ 我か一力て食ふと思ふな
商業報國會
藤枝米雑穀小賣商業組合
米の増産
銃後の勲

II-11

放送記念
JQAK
MTBY
MTCY
MTFY
MTGY
満洲電信電話株式會社
MTTCO
三越

II-10

質素
靖國神社宮司鈴木孝雄謹書
信義
武勇
忠節
招魂齋庭

II-12

【II-10】下欄に見える「満洲電信電話株式会社」（略称ＭＴＴＣＯ）は、満洲国および関東州の「放送を含む電気通信事業」のすべてを独占的に運営していた日本による国策会社。昭和八年（１９３３年）に設立され、昭和二〇年（１９４５年）八月のソ連軍侵攻による接収で消滅した。「放送記念」とあり、三越が

II-13

協賛のロゴを入れているが、発足当初なので、まだ局数が少ない。JQAK以下、コールサインは上から順に「大連」「泰天」「新京」「ハルピン」「牡丹江」の各中央放送局。この5放送局が揃ったのは昭和一二年(1937年)六月だった。

【II-11】「米の増産／銃後の勲」とする「商業報国会」のしおり。日中全面戦争から第二次大戦へと向かって行こうとしていた時代は、「産業報国」「労資一体」による「生産力拡充」「戦力増強」へと国中が突き進んで行き、協力しないものは「非国民」と指弾された時代だった。「商業報国会」は各種の小売業従事者を中心とした組合を束ねていたが、このしおりは静岡県藤枝の「米雑穀小売商業組合」のもの。

【II-12】戦地で死んだ者を「英霊」として祀るとして設置された特殊な神社「靖国神社」のしおり。おそらく数枚のセットものと思われるが、外袋は未発見。神社は「銃後」の精神(忠節、武勇、信義、質素)を支える象徴となっていた。

【II-13】「クラブ白粉」で名高い「中山太陽堂」の「クラブハミガキ」も「日本名物」として、「白粉」「洗粉」とともに中国大陸に進出していったようだ。領土が増えてバンザイしている子供が表現されている。「バンザイ」の図像は日露戦争以降、日本の勝利をイメージさせる定番となった。

11-15

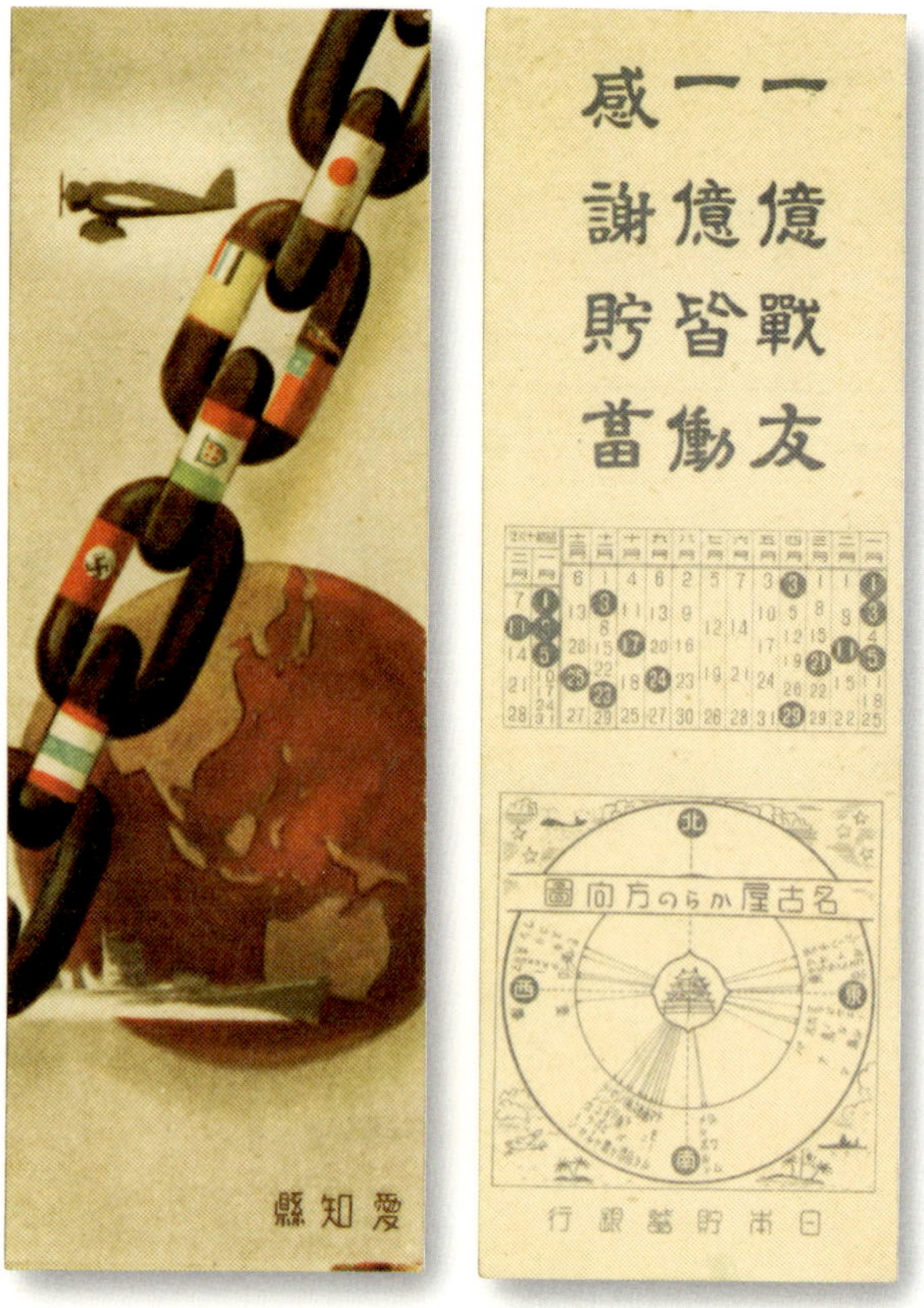

11-14

11-16

【11-14】「愛知県」とあるが南方を中心とした地球儀が描かれ、ドイツ、イタリアなど同盟国が鎖で結ばれている。日独伊防共協定頃のしおりだろう。ウラ面には「一億戦友」「一億皆働」「感謝貯蓄」の標語と「日本貯蓄銀行」の名が記され、名古屋からの方向図と昭和一七年（1942年）から翌年二月までの日曜・祝日表が付いている。「日本貯蓄銀行」は大正一一年（1922年）に中京圏の三行が合併して成立した銀行。名古屋に本店が置かれた。昭和二〇年（1945年）に国策大合併によって生まれた同名称の銀行とは別組織。

【11-15】満洲少年と兵隊を描くのは、戦時下のこうした図像の定番。少年の持つ旗は、五族共和を示す満洲国の旗。

【11-16】南方の様々の地域に、日の丸を振る人物が描かれている。日本軍の南進を受けてのしおりだろう。左下には「愛知県」とあるが、詳細未詳。

II-18

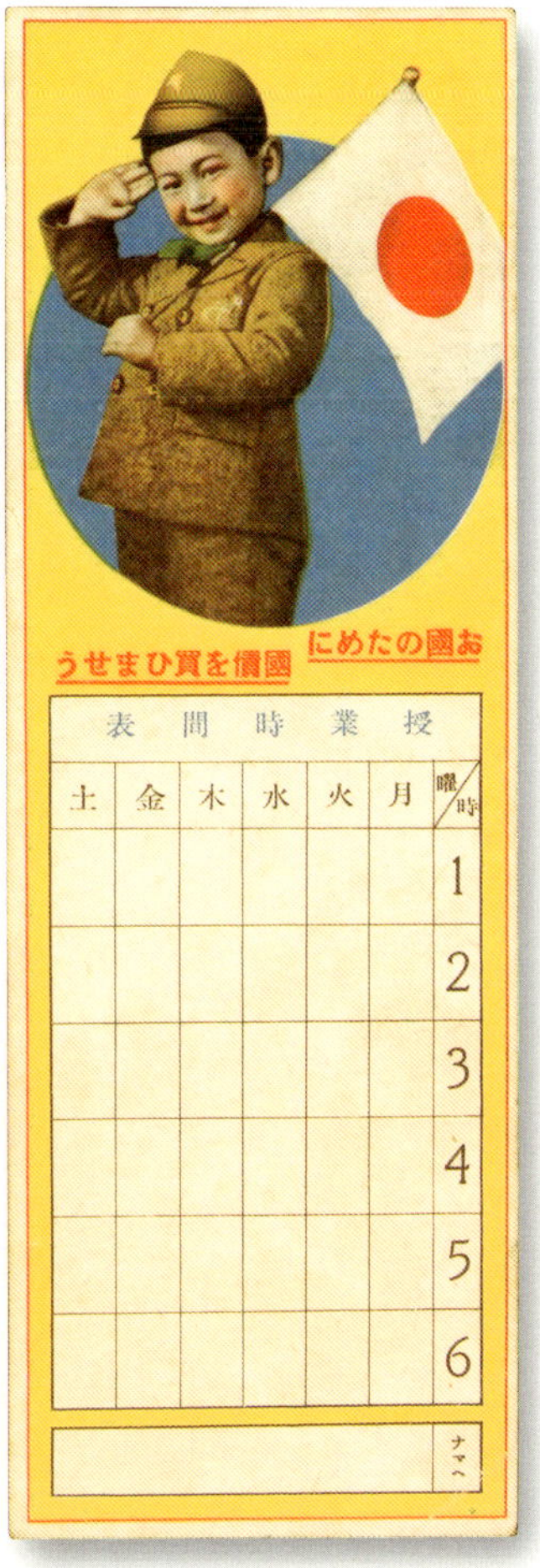

II-17

【II-17】「お国のために／国債を買ひませう」とあるが、日の丸を持って敬礼している小さな子供が描かれ、授業の時間割の記入用のしおりとなっている。

【II-18】『少女の友』昭和一二年（1937年）一〇月号の表紙絵のしおり。中原淳一作。いつもはカレンダーのあるところに長文のメッセージが入っている。「御国の運を懸けて皇軍は今支那全土に戦ってゐます。銃後の私達は此の人々の働きを無にしない様に一生懸命勉強しなければなりません」とあり、「軍国非常の秋（とき）。少女の友の記事をお読み下さって、皆様の心をきたへる糧として下さい」とも書かれている。皇軍を支えるメッセージと共にあった中原淳一だったが、この後しばらくして、時局に合わないとして『少女の友』を降板させられている。（「淳一」の章、および47ページ参照）

【II-19】『少女の友』よりも年長者向けの雑誌『新女苑』（「美人」の章参照）の表紙も、「国家非常時」に協力する若い女性を強調するようになってきた時期のもの。右から、昭和一八年（1943年）一二月、昭和一六年（1941年）一二月、昭和一八年（1943年）七月、同年六月。

【II-20】木版摺りのしおり。左下に満洲国の国旗が見える。守るべき「生命線」とは満洲地域だった。

新しい女性の教養の爲に
新女苑
新女苑
十二月
5 6 7 8 1 2 3 4
12 13 14 15 16 17 18 9 10 11
19 20 21 22 23 24 25
26 27 28 29 30 31

II-19

守れ!
生命線

II-20

＊

映画・演劇

映画・演劇の入場券は、その半券がそのまましおりになっているという見方がある。宝塚公演を中心に膨大な量が収集されているが、ごく一部を除いて今回は割愛した。その大半が結局のところ、一枚一枚が単にスター個人のブロマイドになっているだけということもある。ここに掲載したのは、具体的な公演が記載されているものなどを中心としている。

12-03

12-02

12-01

【12-01】宝塚歌劇団にとって、長与善郎の戯曲『項羽と劉邦』を原作とした『虞美人草』は、昭和二六年（1951年）八月の初演以来、わずか三ヵ月で三〇万人以上の観客を動員した戦後初の大ヒットであり、戦後の宝塚歌劇ブームを起こした救世主とされる演目。このしおりの上端に「祝新装開場／東京宝塚劇場」とあるのは、戦後、GHQによって接収され「アーニーパイル劇場」と名を変えさせられて進駐軍専用の劇場になっていた「東京宝塚劇場」が返還され、再開された際のもの。この記念すべき初日は、昭和三〇年（1955年）四月一六日だった。

【12-02】子どもの顔と映画フィルムがデザイン化されているので、「映画の日」などの配布品かとも思われるが不明。戦後は積極的

12-05

12-04

に子ども客を映画館に呼ぼうとしていた。

【12-03】天才少女と評判だった名子役スター、シャーリー・テンプル主演の映画『テムプルの愛国者』は、昭和一〇年（1935年）制作のアメリカ映画。南北戦争を背景にしたデイヴィット・バトラー監督作品。歌って踊るテンプルが話題になった。日本公開は翌年と思われる。「四月九日より公開」とあり、東京の封切り館三館（銀座の帝国劇場、浅草の大勝館、新宿の武蔵野館）の名が見える。

【12-04】『グランド・ショウ／我等の旅行記』は宝塚大劇場で昭和一四年（1939年）の八月末から九月末まで小夜福子らの月組公演が行われている。このしおりには「十月の東宝」とあるので、宝塚終演後、すぐに東京に持って来たのだろう。「東宝」は「東京宝塚」のこと。関西の「クラブ化粧品(中山太陽堂)」と並んで「西のクラブ、東のレート」と人気を二分していた東京日本橋「平尾賛平商店」の化粧クリーム「レートクレーム」が協賛広告を入れている。

【12-05】前項と同じく、昭和初期の宝塚の人気スター、小夜福子がモデル。「宝塚歌劇月組十一月公演」とあるのみだが、衣裳から推して、昭和一二年（1937年）一一月の『軍国バレエ「砲煙」』のものだろう。協賛広告は、第一製薬が国産初のサルファ剤として合成に成功して、この年に発売したばかりの抗菌剤「テラポール軟膏」。

12-06

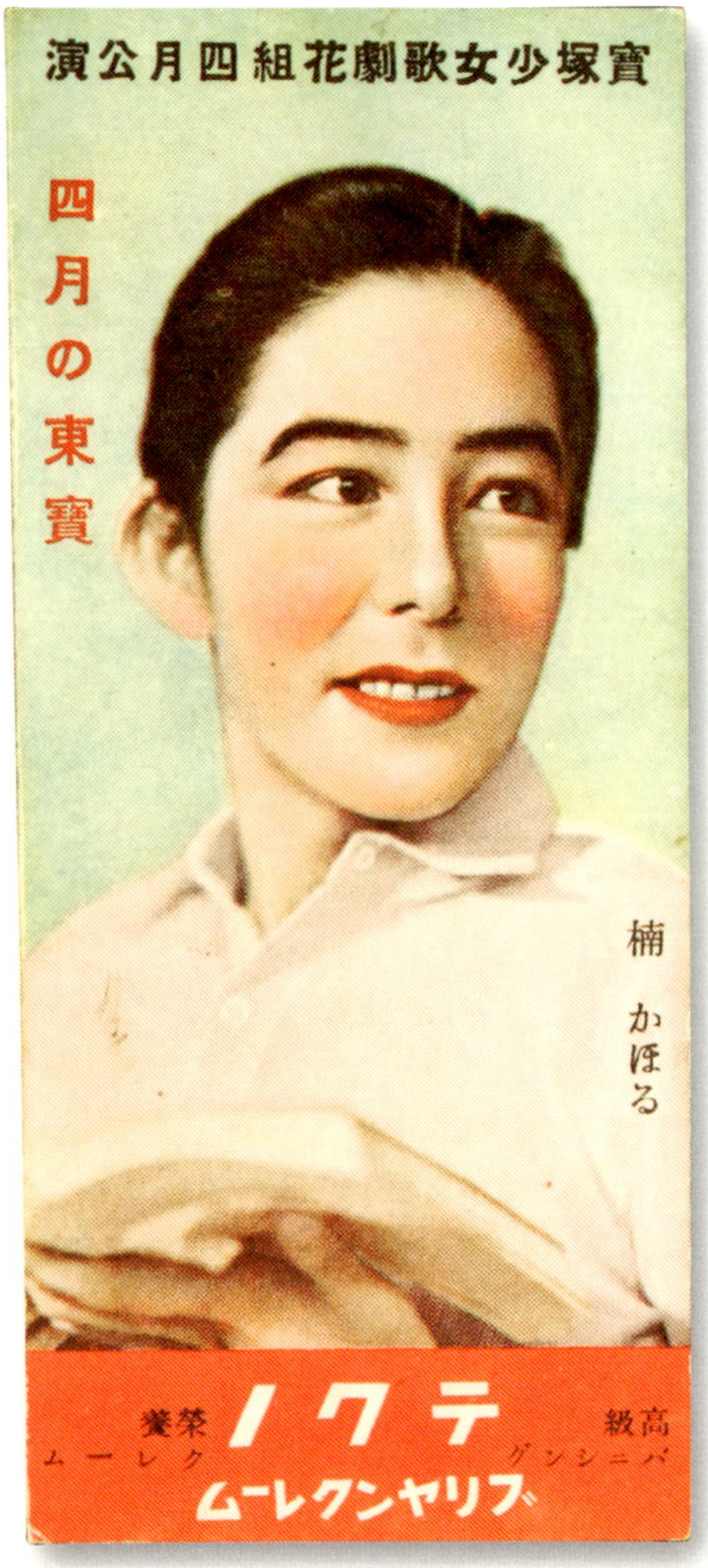

12-07

【12-06】「春日野八千代」は、昭和初期宝塚歌劇の伝説的男優。「雪組／春日野八千代」の六月公演は、宝塚では昭和一三年（1938年）にしかないが、東京公演の可能性が否定できない。協賛広告の「新発売／トーホー香水」は、「東宝」にちなんだものかもしれないが、詳細未詳。

【12-07】「楠かほる」は昭和一〇年代の宝塚の人気スター。前項と同じ文字レイアウトで

12-09

12-08

「花組四月公演」となっているが、こちらは「四月の東宝」と赤で追記されている。関西の「宝塚大劇場」と東京の公演を同じ組が同月に行うことはなかったはずなので、前項も東京公演のしおりの可能性がある。協賛広告の「テクノ／ブリヤンクレーム」も詳細未詳。小さく「バニシング・クレーム」の文字が見えるので、肌用の基礎化粧品のひとつだろう。

【12-08】次項ともども、スターブロマイド風に絵葉書サイズで作られた市販品と思われる。真ん中で切断することで、タテ長のしおりになる。「市川春代」は昭和五年（１９３０年）に日活から本格デビューした映画女優。トーキー時代の波に乗って、昭和九年には主演映画の主題歌を自ら歌ってレコード歌手としてもデビューし、昭和一〇年代にトップスターの仲間入りを果たした。「飯塚敏子」は昭和六年に松竹からデビューした映画女優。和装の美人女優として人気があった。

【12-09】「林長二郎」は後の「長谷川一夫」。いわゆる「二枚目俳優」の代表格として有名。林長二郎を名乗っていたのは昭和二年（１９２７年）から昭和一二年（１９３７年）まで。一方の「伏見信子」は昭和初期に活躍した映画女優。人気が不動のものとなったのは、昭和八年（１９３３年）の松竹映画から。昭和一五年（１９４０年）映画会社を退社、翌年から舞台に立ち、戦後、昭和二二年（１９４７年）に引退している。

12-12

12-11

12-10

【12-10】「辨松」（「弁松」）は東京・東銀座の歌舞伎座の向かいで創業一四〇年を越えて今も営業を続ける弁当屋として知られている。戦前から、招待客には弁松の弁当を座席に置いておくのが当たり前だったという。

【12-11】『新しき土』は昭和一二年（1937年）に公開された日・独合作映画。ドイツ語のタイトルは和訳すると『侍の娘』だった。山岳映画で知られるドイツのアーノルド・ファンクと、日本の伊丹万作の共同監督作品として企画されたが、意見が合わず対立。二種の映画が別々に作られたという変則的な制作体制となったことが知られている。原節子主演。「南明座」とあるが、この映画館は東京・神田界隈で最古と言われた館。戦後、昭和三〇年代まで存在していた。

【12-12】『十六夜清心』と右上にあるが、これ

12-13

12-14

12-15

は江戸期に二代目河竹黙阿弥作で初演された歌舞伎『小袖曽我薊色縫（こそでそがあざみのいろぬい）』全六幕から、僧侶と遊女の心中事件を題材にした「清吉と、その情婦十六夜（いざよい）」に関わる部分を抜粋上演する際の通称。人気演目である。「柳さく子」は浅草芸人の子として生まれ、大正一一年（1922年）に松竹から映画デビューした。

【12-13】「赤胴鈴之介」は、戦後の昭和二九年（1954年）に連載が開始された武内つなよしの人気漫画の主人公。昭和三〇年代に少年時代を過ごして知らない者はいないと言われるほどに圧倒的な人気を誇った。ラジオドラマ、映画、テレビドラマ、アニメと、子供文化の最先端を生き続けた作品。桃山太郎主演の実写版映画『黒雲谷の雷人』は映画第八作で、昭和三三年（1958年）一一月公開の大映作品。

【12-14】『青春乱舞』は昭和一五年（1940年）に制作されたフランス映画。青春ドラマだが、劇中、女子スキー選手のルイス・アグネルによってフランス流のスキー滑降技術を日本に紹介した映画として知られている。

【12-15】「宝塚春のおどり／新橋演舞場公演」「宝塚少女歌劇／花月達子」とある。花月達子は昭和八年（1933年）に宝塚歌劇団からデビューしている。新橋演舞場などでの借り小屋上演は、この年の翌年に専用の「東京宝塚劇場」がオープンして終わっている。

12-18

12-16

12-17

【12-16】戦後、進駐軍とともにアメリカン・ポップスが続々と日本に入ってきた。『ブルックリン・セレナーデ』は、昭和二九年（1954年）の二月二三日から三月八日まで、東京・有楽町の「日劇」で行われた公演。「ニューヨークの下町ブルックリンを背景に舞姫とギャングの織りなす悲恋物語」とあり、ラブ・ロマンス仕立てのダンス・レビューのようだ。男優に柳沢真一の名が見える。

【12-17】歌舞伎座を使用した借り小屋時期の宝塚歌劇・東京公演。「全世界少年少女の友／涙と笑の物語美女の群舞」とある「シンデレラ 十五場」の公演。東京ではまだ宝塚少女歌劇が珍しかった昭和初期のものと思われる。

12-19

12-20

【12-18】京都宝塚劇場でのバレエ『白鳥の湖』公演。昭和二八年（1953年）に小牧正英バレエ団の招きで来日したアメリカのバレエダンサー、ノラ・ケイとポール・シラードに小牧バレエ団が加わっての合同公演。東京などでのメイン公演の演目は『ジゼル』が中心で、この京都での『白鳥の湖』は、追加公演のようなものだったらしい。しおりの下欄のカレンダーは翌年一月から六月までのものである。小牧正英は海外で研鑽を積んで戦後、昭和二一年（1946年）に帰国、帝劇で自ら『白鳥の湖』の日本初演を果たしている。京都宝塚劇場は当時洋画ロードショウ館だったが、戦前には映画と実演の二本立てだったので、一応の舞台は用意できたのだろう。

【12-19】『マンハッタン・リズム』は、宝塚では初めてのアメリカン・レビュー・ショウとして昭和一二年（1937年）七月に星組が上演している。この「東京宝塚劇場」での公演は、その直後と思われる。ベニー・グッドマンで有名な『シング・シング・シング』も歌われたようだが詳細不明。

【12-20】「第七回東宝現代劇／まり子自叙伝」とある「宮城まり子」主演の劇。日比谷の芸術座で「4月1日初日」とあるのは、昭和三三年（1958年）のことだろう。この翌年一月に宮城は「まり子自叙伝」などの舞台での成果に対して「第四回テアトロン賞」を受けている。

12-21

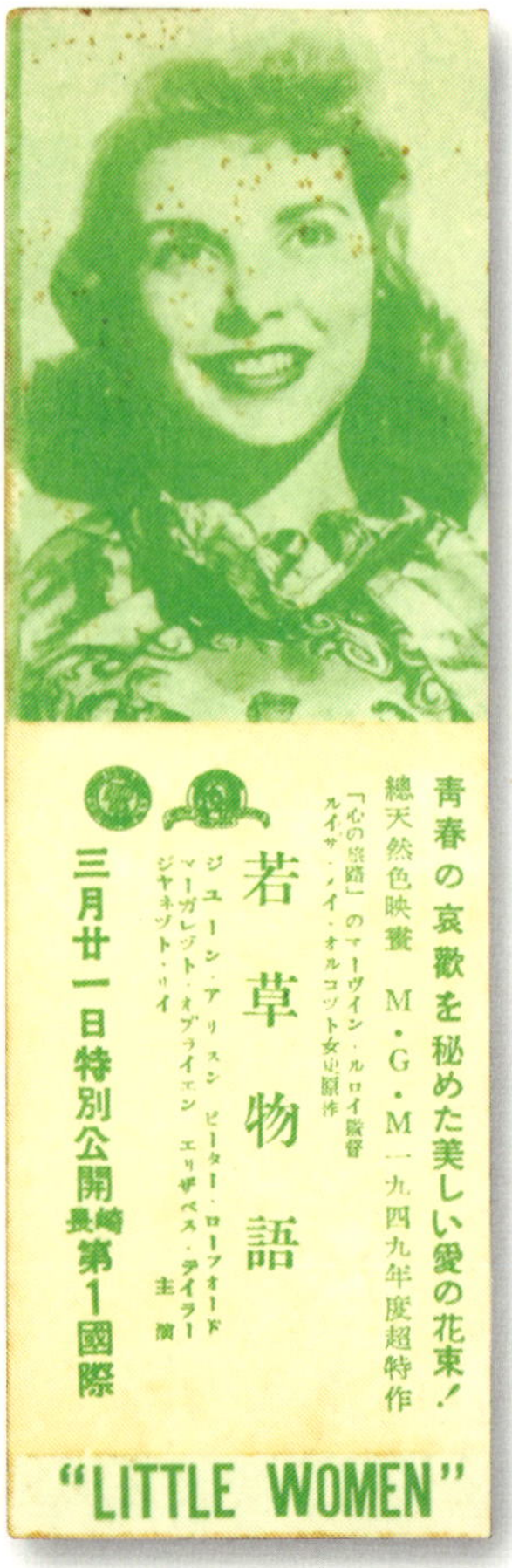

12-22

12-23

【12-21】1951年制作のフランス映画『処女オリヴィア』のしおり。日本での公開は昭和二七年（1952年）一〇月。原作はイギリスの女性作家オリヴィアの自伝的小説。女性監督、ジャクリーヌ・オードリーの作品。宣伝文に「初恋にもまして更に悲しきは同性への思慕！／女性ばかりの秘密の世界を女性の手で描く青春感動篇！」とあるように、徹底した「女性映画」として話題となった。

【12-22】1949年制作のアメリカ映画『若草物語』は、オルコット原作の世界中で読まれている小説の映画化。何度も映画化、ドラマ化されているが、これは初のカラー映画だった。若き日のエリザベス・テイラーが出演していることでも有名。当時は「総天然色映画」と言った。日本公開は昭和二四年（1949年）一二月だったが、このしおりは「長崎・第一国際」とあるので、少し遅れて「三月二十一日」からだったようだ。

12-25

12-24

【12-23】アメリカはカラー映画の制作開始が早かった。この「総天然色映画」と大書された『アリババと四十人の盗賊』は、1944年の制作である。戦時中のためこの映画が日本で封切られたのは戦後、昭和二六年（1951年）一二月のことだった。この壺の形をかたどったしおりには一月一八日とあるから、翌年正月興行に回った都市での公開時のものだろう。

【12-24】下村湖人『次郎物語』は、いわゆる自己形成過程を綴った日本版の長編教養小説のベストセラーとして、戦前から昭和四〇年代まで読まれていた作品。映画化が四回、テレビドラマ化が二回も行われている。このしおりは昭和一六年（1941年）一二月に公開された日活映画。初の映画化だった。下欄に、「近日上映」と文字の流れが逆になって「新しい強壮剤／ターザン錠」と広告が入っているが、詳細未詳。

【12-25】なぜか日本語がどこにも見当たらない。タイトルのフランス語はルナールの小説で、邦題は『にんじん』。日本では昭和八年（1933年）に岸田国士訳が出版されて以来、広く親しまれるようになった。このしおりに記載された他の文字は1932年制作のフランス映画関連で、ジュリアン・デュヴィエ監督、主演のロベール・リナン。この映画は、日本では昭和九年（1934年）に公開されている。

UNITED ARTISTS
歴史は夜作られる
シャルル・ボワイエ
ジーン・アーサー
主演
フランク・ボーザギー
監督
日本ユナイテッド・アーチスツ映畫會社提供
廿二日公開、東京SY・帝國劇場 武藏野館 大勝館
◇同時上映、ユナイト提供「血に笑ふ男」◇
映畫御觀賞にはスマイルの御用意！

12-26

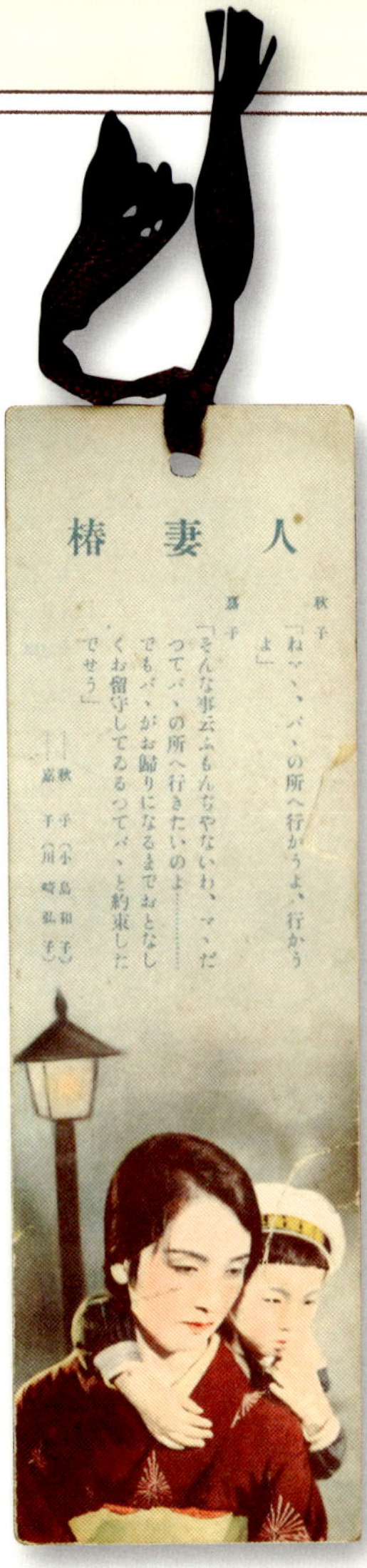
人妻椿
秋子
「ねヽ、パヽの所へ行かうよ、行かうよ」
嘉子
「そんな事云ふもんぢやないわ、マヽだつてパヽの所へ行きたいのよ……でもパヽがお歸りになるまでおとなしくお留守してゐるつてパヽと約束したでせう」
——秋子（小島和子）
——嘉子（川崎弘子）

12-27

オール・トーキー
大尉の娘
二月一日よりの
堀川道
朝日座

12-28

【12-26】『歴史は夜作られる』は1937年制作のアメリカ映画。フランク・ボーゼイジ監督で、シャルル・ボワイエおよびジーン・アーサー主演。日本でも昭和一二年（1937年）七月にいち早く公開された。このしおりは、その時のものと思われる。東京市内の封切り館、東京SY・帝国劇場・武蔵野館・大勝館の名が見える。

【12-27】小島政次郎の小説『人妻椿』は人気があって、映画化が三回、テレビドラマ化が二回も行われている。このしおりは第一回の映画化のもの。昭和一一年（1936年）一〇月四日に前篇、同月二九日に後篇が公開されるという大長編だった。制作は松竹。しおりには名場面の台詞が書かれている。

【12-28】『大尉の娘』はドイツ映画のストーリーを元に、中内蝶二が書いた戯曲。退役軍人とその娘の物語で、大正期から人気のある

12-30

12-29

演目である。映画化も五回行われているが、最初の作品は大正六年（1917年）制作・公開されたサイレント映画。このしおりは「オール・トーキー」とあるが、トーキー映画は昭和四年（1929年）の発声映画社制作と、昭和一一年（1936年）の松竹系制作の二回。どちらも大正期の戯曲公演で当たり役となった水谷八重子が娘「露子」役を演じた。「大尉」役は昭和四年が加藤精一、一一年が井上正夫だった。「道頓堀　朝日座」と書かれたこのしおりは、昭和四年版と思われる。

【12-29】1952年にスイスで制作された映画『ハイジ（アルプスの少女）』。ルイジ・コメンチーニ監督、エルスペート・ジグムント主演で、日本でも昭和二七年または二八年に公開されている。名子役として売出し中の「松島トモ子」による「日本語発声版」（いわゆる「吹き替え」ではなく、ナレーションの挿入だったようだ）での上映だった。

【12-30】『ああ無情』の題で明治期から日本人にも親しまれているフランスの文豪ヴィクトル・ユーゴーの小説『レ・ミゼラブル』も、何度も世界中で映画化、ドラマ化、ミュージカル化されている。このしおりはレイモン・ベルナール監督作品で、1933年に全三部からなるフランス映画として制作された。各部それぞれ九〇分ほどの映画三本の長編大作である。日本では昭和一三年（1938年）に公開された。

12-32

12-31

【12-31】公演名の記載のない「東京宝塚劇場」の観覧券がしおりになっているもの。下端に切り取り線が見える。しおり紐が二重になっており、なかなか贅沢な記念品に作られている。

【12-32】宝塚と並んで少女歌劇では「松竹歌劇団（のちのＳＫＤ）」も名高い。大正一一年（１９２２年）四月に大阪で生まれた松竹楽劇部が始まりだが、その初代トップスターと言われ、クラシックバレエの草分けとしてトウシューズで見事に踊り、天才舞踊家、ダンスの神様と称えられたのが「飛鳥明子」だった。その彼女をイメージキャラクターに採用しているしおり。右上に「美と健康の女王／飛鳥明子嬢」とある。昭和八年（１９３３年）の労働争議で中心的役割を果たし、そのために若くして引退しているので、これはそれ以前に制作されたしおりだろう。彼女が手に持っている「眼鏡肝油」は、明治二〇年

虚無と絶望の彼方に掘り當てた激しき戀！
これが新しきモロツコだ！ これが眞實の外人部隊だ！
ジュリアン・デュヴィヴィエ監督
ジャン・ギャバン アナベラ主演
佛蘭西S・N・C映畫・東和商事提供
地の果てを行く
La Bandera

12-34

由美あづさ
春日野八千代
宝塚歌劇星組公演
グランドレビュー
白蓮記
帝国劇場

12-33

（1887年）創業の「伊藤千太郎商会」（現在は「ワカサ」と改称）が日本で初めて国産化して発売した肝油。「眼鏡印肝油」は大正一五年（1925年）以降、小学校での集団服用が開始されて全国に知れ渡り、栄養補助食品として親しまれた。

【12-33】春日野八千代については170ページ参照。由美あづさとの『グランド・レビュー／白蓮記』の星組公演が「宝塚大劇場」で昭和二八年（1953年）一月に行われているので、これは、その演目を翌月あたりに東京の「帝国劇場」に持ってきた公演と思われる。宝塚では同じ演目が二月になってからは花組で演じられている。

【12-34】1935年制作のフランス映画『地の果てを行く』はジュリアン・デュヴィヴィエ監督で、ジャン・ギャバン主演。日本では昭和一一年（1936年）九月に公開されている。

【12-35】サーカスの猛獣使いの場面と思われるイラストの入場券をしおりとしたもの。日本では大正二年（1913年）のハーゲンベック・サーカスを契機に、サーカス・ブームが興隆した。

【12-36】昭和四年（1929年）二月に公開された日活映画『波浮の港』の公開告知しおり。ヒロイン役は「澤蘭子」。下欄に「日活民謡映画」とあるが、これは作詞家・野口雨情と作曲家・中山晋平のコンビが、全国いた

12-37

12-36

12-35

るところの「ご当地ソング」を作ってビクターレコードが「新民謡」として発売していた時期のタイアップ映画。歌詞が全文掲載されている。

【12-37】『春香伝』は、古くから朝鮮半島で広く知られる物語を素材にした劇で、昭和初期、日中戦争が激しくなってきたために「内鮮一体」をスローガンに推し進められた日韓併合の頃、日本にも紹介され、昭和一三年（1938年）に築地小劇場で初上演された。この「芸術座　水谷八重子一座出演」とある東京宝塚劇場での『大地の朝／春香女伝』は、その評判を受けてのものと思われるが、詳細未詳。東洋的な恋愛物語の古典を代表するストーリーのひとつで、多くの作家によって様々に書かれており、戦後には作曲家・高木東六がオペラ化に取り組んでもいる。

趣味創作しおり

大正時代には「趣味家」と呼ばれる人々が多数輩出された。彼らの多くは、明治期にそれなりの資産を築いた家の跡取りで、その資産をベースに自分の「趣味」の世界を形成していった。「趣味」とはホビー（楽しみ）であるとともに、テースト（味わい）でもあった。明治末から定着しはじめたこの「趣味」は富裕層から、やがて都市周辺の経済的に余裕のある知識人へと広がっていった。

山本澄子

納
武村
山本晴川

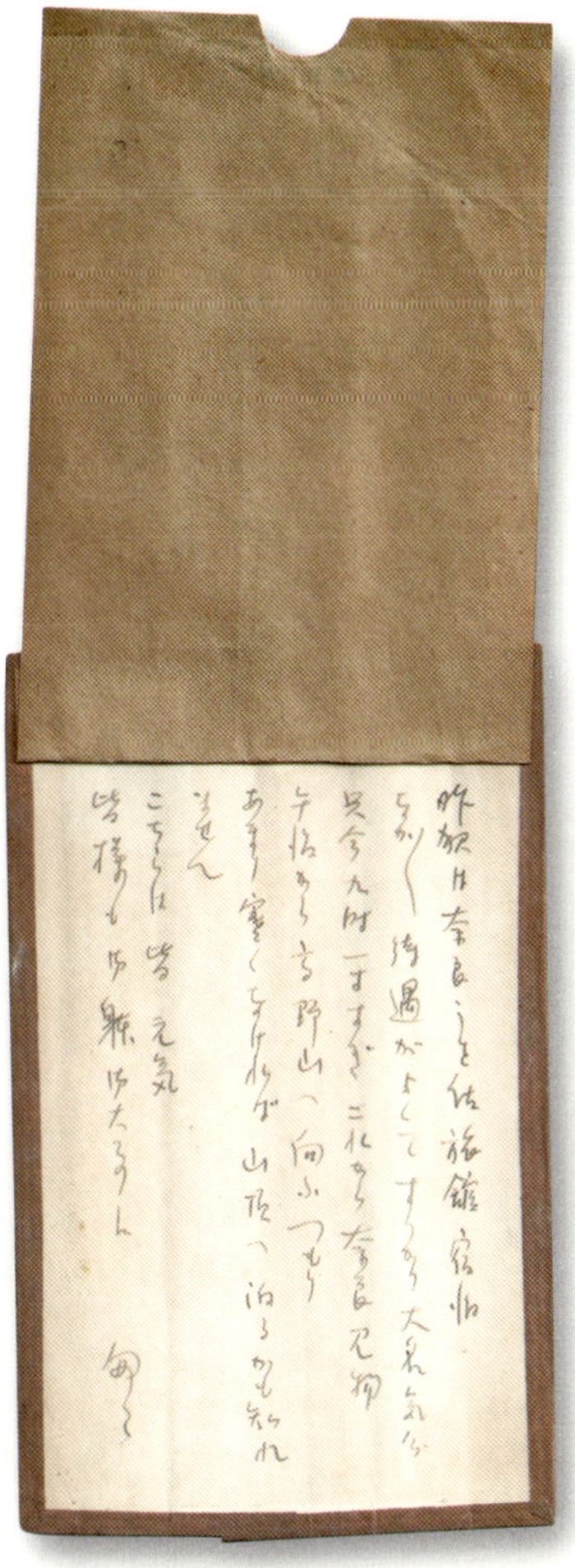

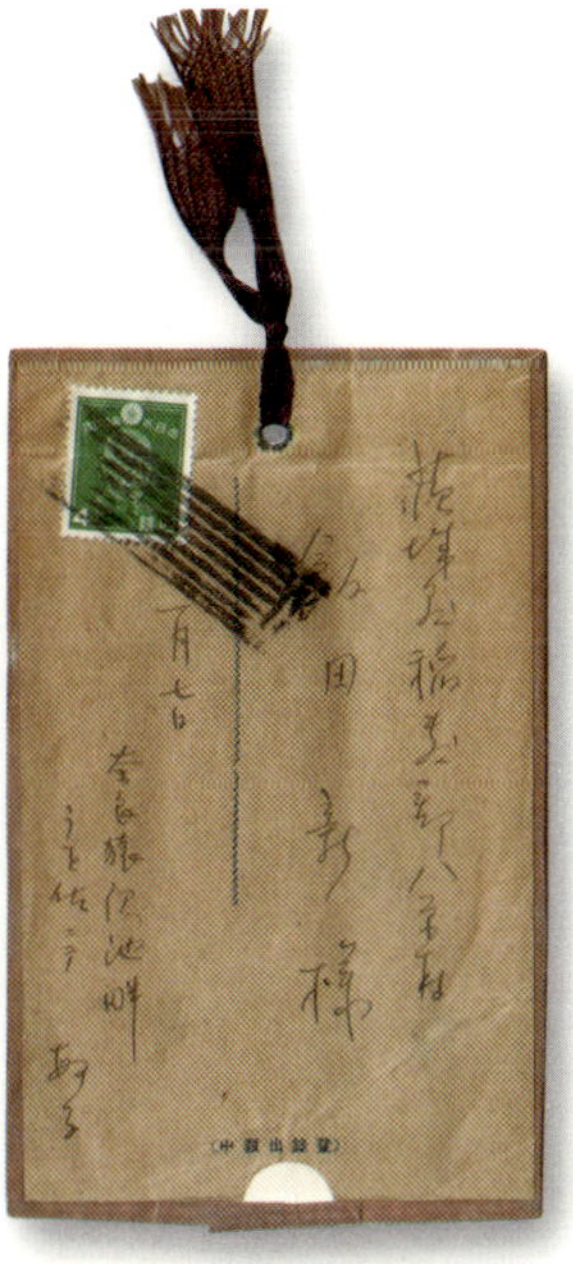

浅田耕一郎
兵庫縣西宮市本町

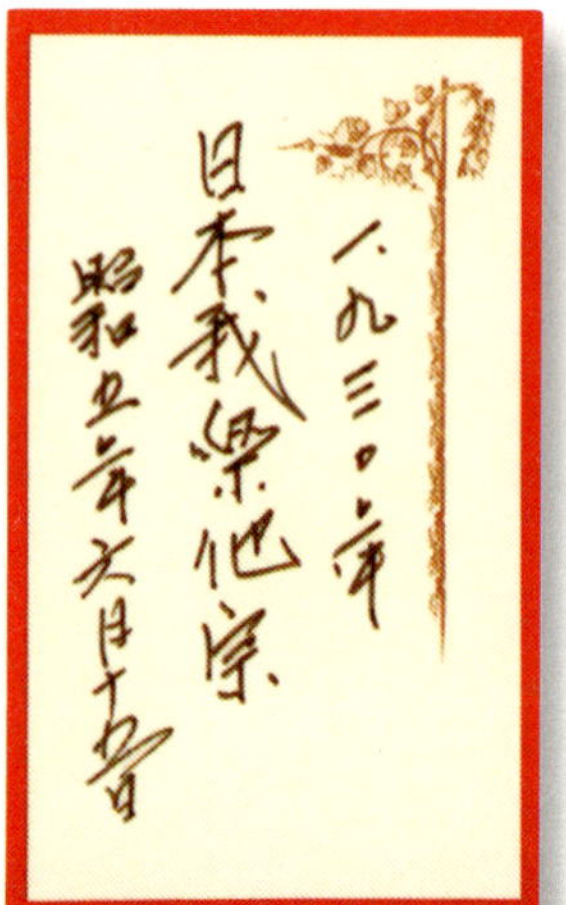

◉「趣味家」の関わった様々な「しおり」を、184ページ以降に集めた。彼らは好みの版画絵師に、木版の印刷をプライベートに依頼したり、あるいは自分で新聞・雑誌を切り抜いてコラージュしたものを仲間と交換して楽しんだ。それらは内輪での共通の話題を中心としたものだったが、それぞれに、なかなか個性的である。186～187ページには、組物として作成されて、きれいに台紙に貼られて保存されていたものを掲載した。184～185ページや、188ページでも、そうした趣味家たちのデフォルメやパロディ遊びの一端をみることができる。

◉脇に名が添えられているが、それらは、出品者としての趣味家のものと思われる。本章の冒頭、一枚目のしおりには「美粧師　三宮電停前／山本澄子」、二枚目には「燐票／郵券／その他趣味の蒐集／神戸　森岡芳洲」などとある。「燐票」はマッチラベルのこと。切手、絵葉書などと並んで、趣味家たちの重要なコレクション・アイテムだった。

◉189ページ上の三枚の写真は同じもののウラ・オモテおよび、それをめくり上げた状態を撮影したもの。木片を貼り合わせて通信文を内に収めた作りの、ハガキ様の特殊なしおりである。その下は、花札を無造作に置いた状態を型抜きで手作りしたしおりのウラ・オモテ。しおり紐の先には小さなサイコロがデザインされており、オモテ面の「3」に合わせて、ウラ面が正しく「4」になっているが、そのウラ面にはゴム印と思われる文字で「西宮雅楽多宗第三番札所／浅田耕一郎／兵庫県西宮市本町」とある。戦前の関西で、著名な趣味家のひとりとして知られている人物で、「西宮雅楽多宗」（がらくた宗）は、浅田氏が、その「第三番札所」だということだろう。趣味家＝収集家の会としては、三田平凡寺の主宰になる「我楽他宗」がよく知られているが、これは、それを淵源として西宮に作られた趣味家の会かも知れない。平凡寺は会員を「〇〇寺」で呼んだが、ここでは西国八十八カ所の札所になぞらえて「第〇番札所」と呼んでいる。

◉190～191ページは、コラージュで作られたしおりを中心にしている。興味深いのは「一九三〇年／日本我楽他宗／昭和五年六月十五日」とあること。この日付でコレクションの品評会、交換会が催されたのだろう。これは東京地区の会と思われる。早慶戦にかかわるのか「WASEDA」の文字も見える。

「しおり」と「絵葉書」と「マッチラベル」
――捨てられずに残った「小さな紙切れ」の魅力

◉しおりの多くは掌に収まるほどにコンパクトである。書物にはさむために小さく薄く、そして細長い。読書中は出番がなく、使用するときには紙と紙にはさまれて静かに時間が過ぎる。そういう地味で素朴な道具だ。しかし、今回こうして集められたしおりを前にして、その意匠がこれほどユニークであったことに改めて驚かされた。

◉同じように小さな存在である絵葉書は、しばしば「掌中の美術」というフレーズをともなって、その魅力が語られてきた。絵葉書収集の国民的な熱狂は明治の日露戦争当時にまでさかのぼる。鏑木清方や水野年方など日本画家の描く女学生の姿、アール・ヌーヴォー様式の優美な装飾など、まさに絵画・ポスターにも匹敵するような造形の魅力に、なおかつその素朴な親しみやすさに、人々はすっかり魅了されてきた。今回収録されているようなしおりもまた、小さいながら収集の対象になるほど人気があったとしてもおかしくないのである。

◉しおりの図像には絵葉書同様に女学生や子どもが描かれ、装飾にはモダンな造形もみられる。新しい時代を象徴する飛行機や自動車も印象的だ。しかし比べてみていると、しおりの方がより小さいながら饒舌、つまり情報が多い。「余は余の長き生涯の間一回だに今日為すべき仕事を明日まで延ばせることなし／ワシントン」、「たばこが一ばんうまいとき――私たちの生活は、いろいろな行動のつながりです。しかしだらだらとつながっているのではなく、ちょうど文章のように一つ一つ区切れがあると思います。その区切れに『、』や『。』の役目をつとめるのがたばこです。この『、』『。』の一服がたばこのいちばんうまいときといえましょう」――という具合に、イラストや写真図版に加えて広告文やキャッチコピーでメッセージ性を強めている。考えてみれば、なにしろ読書中に用いられるものだから（まさしく読書の『、』や『。』の役目をつとめる」のである）、読者もこうしたメッセージをつい読んでしまう。それが、しおりというメディアのアドバンテージなのだ。

◉本書の読者はお気付きかもしれないが、しおりは本にはさむものである前に、メッセージを託された広告として作られている例が多い。それは「告知」であったり「キャンペーン標語」であったり、「歌詞カード」であったりする。商業的なものもあれば、国策的なものもある。同じ広告でも、ポスターならば街ゆく人の心を瞬時につかまなければならず、鮮烈で印象的なイメージを必要とするが、しおりは、もうすでに「わたし」の個人的な読書の時間に入り込み、その関心をひくことに成功しているのだ。あとは説得するだけ、ということかもしれない。

◉さらに面白い特徴がある。それは広告される内容で、ここに集められたしおりに目立つのは「歯磨き」「生命保険」「預貯金」「火の用心」「時間割」など、つまり生活にかかわる言葉が多く並んでいることだ。こうしたしおりの特徴と対照的なのがマッチラベルの広告で、「喫茶」「カフェ」「ビリヤード」「パチンコ」「ホテル・旅館」「演劇」など、歓楽街のにぎやかな看板を並べたような、どちらかといえば娯楽色

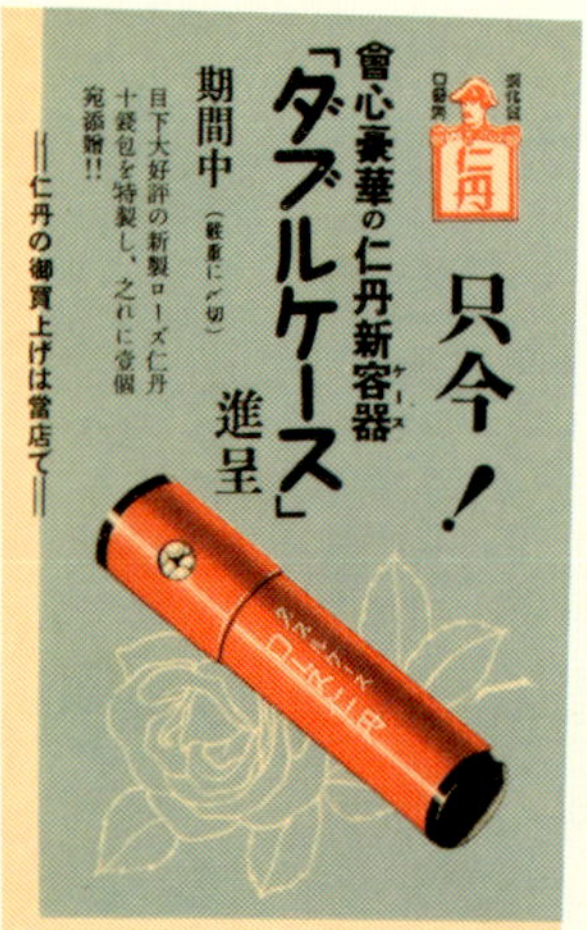

大木優子

の強い言葉が多い。両者はともに広告という共通点をもつが、かたや喫煙の道具ともなるマッチと、かたや読書の道具となるしおりとでは、異なるターゲットが想定されていたということかもしれない。しおりが実際に広告としてどのような功を奏したのか、今後さらに明らかにされる機会があってもよいだろう。

◉しかし残念ながら、しおりにしろマッチ箱にしろ、こうした小さな紙切れはとにかくさっさと捨てられてしまうことが多い。無料配布されたものが多いのでなおさらである。これらは生産されてはつぎつぎに消えゆくことから、カゲロウなどの束の間の生命になぞらえて「エフェメラ」(ephemera)とも呼ばれてきた。ポスターやチラシもそうである。しおりが小さな紙片でごくありふれた短冊形をしていていくらでも代用がきく、という事実はその短命をことさら運命付けてきた。捨てられるか、それとも「しおり」として区別させ手元に保存されるか、その分水嶺はどこにあったのだろうか。

◉たとえば、挿絵画家の中原淳一による少女像は、その決め手が図像にあったことを示す好例である。それらは雑誌『少女の友』の附録のしおりで、当時、昭和一〇年一月号から一五年六月号まで雑誌表紙を飾っていた人気画家による、まさにその表紙絵の縮刷であった。便利なカレンダーもついていた。このようにカレンダーや時間割という機能性を加えたしおりが多い（結果的にこうしたコレクションとして多く残っている）のも、捨てられないための工夫だったとみられる。同様に数が多いのは、上部に鮮やかな平織りのひもを通した例である。はさんだ箇所がよくわかるようになっている。

◉一方で、数は多くないが目をひくのは、バナナや万年筆、あるいはボトルなど商品パッケージの形に型抜きされた「脱・短冊形」の例だ。ポスターやマッチ箱はこれほど自由に形を変えられないから、ある程度しおりに特化された魅力だったのではないかと想像される。こうしたささやかな工夫が、紙切れのようで紙切れではないしおりを成立させている。

◉ところでコレクションをよくよく見てみると、しおりと似て非なるものの混在にも気付く。交通機関の「乗車券」、博覧会の「入場券」、あるいは学生服の「ラベル」、それらはもしかしたら代用品だったのかもしれず、正確にはしおりではなかったのかもしれない。とはいえ、エフェメラが持ち主の思い出や記念と結びつく場合に、わたしたちがいかにそれを捨てられず数多の延命をはかってきたか、その執心を改めて知るのは、むしろこうした例に出会うときなのである。

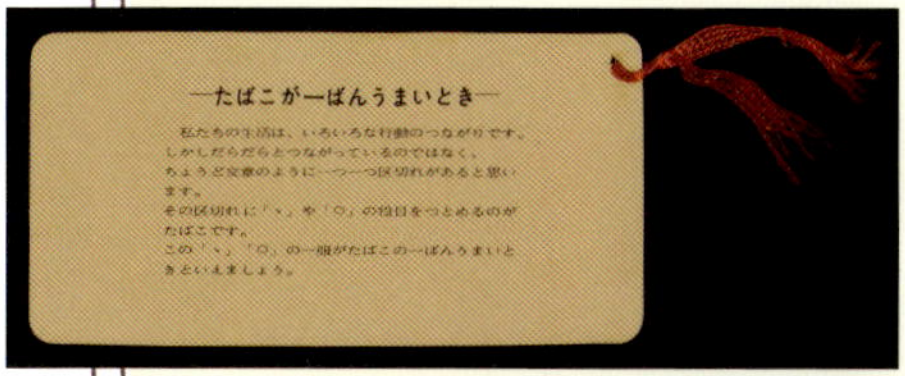
—たばこが一ばんうまいとき—

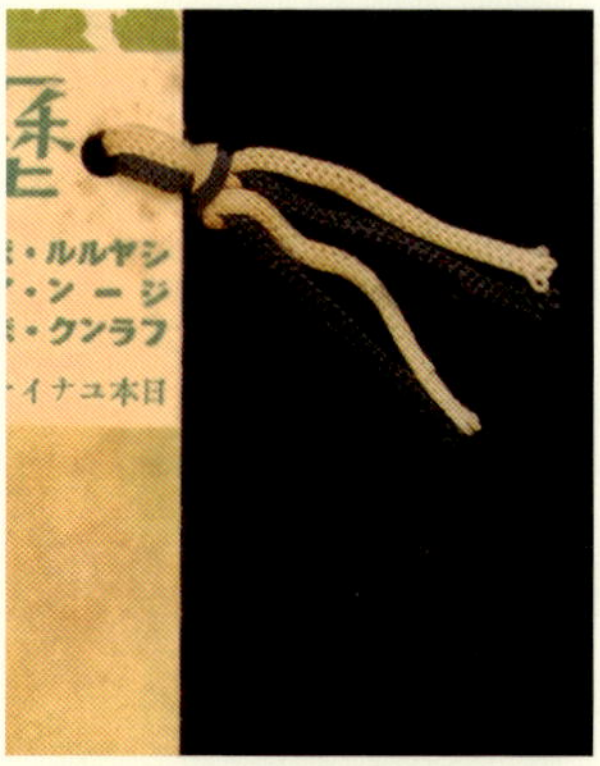

祝新装開場
東京宝塚劇場

美麗な「しおり」に魅せられて　羽島知之

私が本のしおりに初めて出会ったのは半世紀以上前、戦時中の国民学校四年生のときだった。千葉県の疎開先に面会に来た父が古本屋で買ってきてくれた宮沢賢治の『風の又三郎』の中に挟まっていたもので、裏面に授業の時間割表があったのがいまでも印象に残っている。当時は新聞も用紙の生産事情の悪化から二ページの朝刊のみとなり、教科書用紙もままならない時代で、新刊書は戦時関連のものや実用書が発行されていた程度で、文学書などはほとんど入手できなかった。

戦後、昭和23年（1948年）中学一年の二学期に東京に戻ったが、転校先の目黒八中で独創的な単元授業で著名になった国語教師・大村はま先生に出会った。さまざまなテーマの授業があったが、単元「読書」のときには手作りのしおりも作った。そのとき先生が見本に持ってこられたのが戦前の雑誌の付録に付いていた色鮮やかな少女絵のもので、その美しさに私は魅了された。

同じ単元授業の「新聞」で新聞の種類を調べるため、全国の新聞題字を集めて発表したのがきっかけで、のちにかわら版や幕末・明治の新聞や号外などをコレクションするようになった私が半世紀を経て進めた集積は、2000年秋に横浜にオープンした「日本新聞博物館」の10万点の基本資料となって、私の手許から移行された。手塩に掛けたわが子のように可愛がってきた新聞関係資料が嫁入りしてしまうと気が抜けたようになったが、根っからの収集癖を持つ私は、新聞のほかの紙類全般の収集に転じた。ポスターや引札、絵葉書、駅弁・ビール・燐寸などのラベル類とともに「しおり」コレクションにも熱が入った。古書の即売展や骨董市で入手する場合がほとんどだったが、組み物以外は1枚か、多くて4、5枚が買える程度で、4000枚ほども集めたしおりコレクションにはかなりの年数と想いが詰っている。私が半世紀以上集めてきた新聞の場合は、各ページの欄外に発行年月日が記されているため切り抜く記事や広告一片でも年代が判明するが、しおりは一部の記念もの以外、発行年月を特定することも難しい。

本のしおりの多くは、上部に小さな穴があけられ紐が結ばれており、読みかけのページから紐が顔を出すようにつくられているが、同じ小片もののマッチは現代では用途がなくなり、その姿をほとんど消滅してしまった。一方、しおりは雑誌の付録や広告の景品でこそ無くなったが、書店で書籍を買うと、映画や出版社の宣伝入りの薄い紙のしおりを挟んでくれ、いまなお息づいている。今回収録したのはほんの一部だが、あらゆるジャンルのしおりから、その時代の世相と息吹を感じていただけたら望外の喜びである。

編集・解説にあたって　竹内貴久雄

本書は羽島知之氏のコレクションを中心に、監修の山田俊幸氏のアドバイスを受けて、いくつかの機関に保管されていたものを加えて編んだ「しおり」図鑑である。ここに収録したものは、膨大な羽島コレクションの一部に過ぎないが、編者のひとりとして、本書の成り立ちについて書いておきたいと思う。

本書への各しおりの収録にあたっては、そもそも数千枚に及ぶコレクションを前にして、大まかな選択とカテゴリー分類の作業を、ひとまず羽島氏と竹内で行なった。それは、日本の大衆文化史という大海原への船出でもあったが、そうした歴史的背景に関心を持つばかりではなく、図像としてのおもしろさ、あるいは美術史的な鑑賞という観点に照らして更に精選し、章構成の骨子にもアドバイスを与えてくれたのが大木優子氏であった。その大木氏にもコラム執筆をお願いしたが、そのほか、監修の山田氏と相談しながら、「しおり」に関連する様々な興味深い視点を、海藤隆吉、熊田司、高野麻衣の三氏にお願いすることとした。各ページ見開きごとに付した「解題」は竹内がとりあえず調査して執筆し、デザイン様式の変遷を中心に山田氏の助言を受けて最終稿とした。

そうした過程を経て仕上がった解説原稿だが、その執筆過程で私が強く感じたことのひとつに、こうして残された「しおり」は、それぞれの最初の持ち主が、こだわりを持って保管した物が残っているのではないだろうか、という思いがある。映画のタイトルを見ても、社会的に話題となった作品や、個人が人生の節目に遭遇した映画の記念に残しておいたものなのかと想像するものが多い。天皇の崩御によって突然年号が変わったことを記憶しておこうと残されたのかと思うものもあった。戦時下の、今の観点ではとても納得しがたい価値観の披歴も、「そういう時代があった」と記憶しておきたかった人の手許に留め置かれたものが、長い年月を経てコレクターの市場に現われたものではないだろうか。しかも、その「観点」が、社会性を帯びた男性よりも、日々の暮らしに育まれた女性の関心に近い物が多いように思う。「しおり」の保存は、女性の力による部分が大きかったようにも思う。百年以上もの歳月を経過して残された様々な「しおり」のアトランダムな集積から直感的に感じられた印象は、そうしたことだったと言ってよい。

しかし、何はともあれ、これらの「しおり」コレクションからは、思いのほか「日本の近代史」のオモテとウラが見えてくる。そのおかげで、一枚一枚のしおりの表現から手繰り寄せようとする歴史の事実は、もともと私が承知していた明治から大正を経て昭和に至る社会の世相を、遥かに凌駕する膨大で瑣末な出来事との格闘へと突き進んでしまった。たった一行の記述、ワンフレーズの表現から、数十ページにもわたる当時の出来事の解説を読破せざるを得ない広がりにも、しばしば遭遇した。本書の各ページに付された解題は、それらを要約したエッセンスに過ぎない。読者の皆さんが、お気に入りの一枚の「しおり」から思い出や歴史の旅を広げて、それぞれの心の底に眠っている記憶を呼び覚ましていただけるよう願っている。

放送会館【09-16】
宝文館【01-11】
ボールウィン・セーター【08-24】
ポケット型【02-26】
保土谷曹達【02-01】【02-04】
ホドヂン【02-01】
堀内敬三【01-47】

ま

益子かつみ【05-37】
松本かつぢ【01-08】
松本昌美【01-41】【01-46、47】
『毬子』【01-54】
『まり子自叙伝』【12-20】
まるいちクレーオン【04-15】
丸栄【02-16】
満洲国【11-15】
満洲電信電話（MTTCO）【11-10】
『マンハッタン・リズム』【12-19】
万病感応丸【06-02】

み

三井銀行【08-21】
三越【09-01】【09-10】【09-12】
三越・学用文具製作実演の会【09-11】
美津濃【02-10】【08-23 ～ 26】
宮城まり子【12-20】
三宅商店【07-20】
宮崎一雨『正義の楯』【01-68】

め

眼鏡印肝油【12-32】
メルマン海水着【02-10】

も

モスリン【07-12】
森下製薬【07-01】
森永パラマウントチョコレート【07-06】

や

靖国神社【11-12】
安田貯蓄銀行【06-20】
柳さく子【12-12】
山形放送局【09-19】
『山のあなた』【01-41】
山葉オルガン【05-09】

ゆ

郵便貯金【05-12】【06-15】【10-11】
ゆたか【01-03】
由美あづさ【12-33】

よ

『幼年倶楽部』【05-11】【05-39】
ヨウネン社【05-48】
『幼年の友』【05-45】
『幼年の友』（ナカヨシシオリ）【05-35、36】【05-42】
『幼年の友』（マメシオリ）【05-34】【05-40、41】
『幼年ブック』【05-37】
横浜開港記念みなと祭【05-22】
横浜開港記念日【09-15】
与謝野晶子【01-43】
吉田初三郎【04-01】
吉松仁平薬房【05-03】
吉本三平【05-37】
吉屋信子【01-06】【01-54】【01-57、58】【01-61】【01-69】
四つ葉のクローバー【01-20】
読売新聞社【06-08】
よみうり遊園【06-12】

ら

ライオン歯磨【08-13】【08-16】
ラクトーゲン【05-02】
ラジオ【08-31】
『ランゴ』【07-06】

り

リーグ戦浴衣【10-16】
立正大学【01-04】
柳正堂【08-27】
流線型【02-09】
猟友会【10-02】
リリオ（LYRIO）【01-49】

れ

レートクレーム【12-04】【02-18】
『歴史は夜作られる』【12-26】
『レ・ミゼラブル』【12-30】
『若草物語』【12-22】

わ

ワシントンの言葉【10-29】
『わすれなぐさ』【01-06】【01-42】【01-47】
『我等の旅行記』【12-04】

宝味醂【02-12】
田河水泡【05-37】
竹久夢二【01-11】
田中良【01-69】
谷・回春堂【05-01】
タバコ【10-09】

ち

千秋【01-05】
地下鉄銀座線【08-17】【09-01】
地球鉛筆株式会社【06-10】
チキンソース【07-08】
『地の果てを行く』【12-34】
朝鮮総督府【08-12】
朝鮮物産共進会・仁川協賛会【08-12】
蝶結び【05-16】
貯金局【06-16】

つ

ツーポン【07-01】
ツバメ石鹸【08-14】

て

テクノ・ブリヤンクレーム【12-07】
鉄道展覧会【07-10】
テラポール軟膏【12-05】
『てるてる天助』【05-37】
電気記念日【09-09】
『テムプルの愛国者』【12-03】

と

東海銀行【10-12】
東京堂書店【08-28】
東京市水道局【10-22】
東京宝塚劇場【12-31】
東京電灯【10-07】
東京日日新聞【09-18】
東郷学生服【11-04】
東日天文館【09-26】
動物友の会【10-03】
東武鉄道【09-02】
童謡舞踊【05-23】
トーホー香水【12-06】
図書館週間【10-23】
富田千秋【01-68】
トヨペット・クラウン・RS型【07-09】
トランプ【07-25】
どりこの【08-15】
『どりちゃんバンザイ』【05-44】
トロリーバス【09-08】

な

中原淳一【01-07】【03-01 ～ 28】【11-18】
中山太陽堂【02-05 ～ 08】【07-21】
名古屋汎太平洋平和博覧会【09-21】【09-25】
『七本椿』【01-69】
南武鉄道【04-01】
南明座【12-11】

に

新高ドロップ【08-02、03】【11-02】
西村陽吉（辰五郎）【02-25】
日曜学校【07-26】
日本共立生命【10-13、14】
日本鮭鱒販売連盟会【06-03】
日本相互銀行【08-06】
日本貯蓄銀行【11-14】
日本八景【04-17】
日本図書館協会【10-18】
日本薬品洋行【07-01】
『日本幼年』【05-26】
『にんじん』【12-25】

の

野ばら社【06-21】
『のらくろ少尉』【05-24】

は

ハータ過酸化石鹸【01-01】【05-10】
『ハイジ（アルプスの少女）』【12-29】
はいばら【02-34】
『白鳥の湖』（京都宝塚劇場公演）【12-18】
博文館【01-71】
橋爪豊【01-03】
長谷川一夫【12-09】【12-12】
花月達子【12-15】
バナナ【07-05】
『花のトンネル』【05-38】
花やしき【06-14】
『波浮の港』【12-36】
パミール【08-15】
林唯一【01-57】【01-58】
林長二郎【12-09】【12-12】
パラマウント映画社【07-06】

ひ

ヒゼックス【07-01】
『人妻椿』【12-27】
ヒドリ自転車製作所【10-21】
『孤りの友へ』【01-23】
『日の丸旗之助』【05-24】
平尾賛平商店【02-18】
『白蓮記』【12-33】

ふ

深谷美保子【01-51 ～ 53】
蕗谷虹児【01-55、56】
藤井千秋【01-05】
伏見信子【12-09】
婦人子供博覧会【05-19】
物産館・京都駅前（丸物）【09-13】
プラトン万年筆【07-21】
『ブルックリン・セレナーデ』【12-16】
文寿堂【06-06】

へ

平安堂【11-08】
ヘチマコロン【02-11】
『紅雀』【01-13】【01-57、58】
「辧松」（「弁松」）【12-10】

ほ

『冒険ダン吉』【05-24】

け
敬震丹【05-04】
結核予防協会【06-01】
結核予防会【08-01】
『月下の一群』【03-28】
建国記念預金【08-20】
原色版【02-21】

こ
小磯良平【02-27】
公園入園者調査【08-19】
『格子なき牢獄』【02-18】
興眞舎【04-08】
皇孫殿下御誕生【05-20】
神戸有馬電気鉄道【09-05】
神戸海上運送火災保険【08-22】
強力足袋【05-13】
国産振興四日市大博覧会【09-24】
国勢調査【10-04】
国鉄労働争議【10-01】
国土緑化運動【10-06】
国民新聞【10-20】
固腸丸【05-01】
国旗印・通学服【11-05】
『子供の科学』【06-22】【06-24】
『コドモノクニ』【05-26】
小西光澤堂（KK）【10-32】
小林かいち【01-35 ～ 40】
小牧正英バレエ団【12-18】
米雑穀小売商業組合【11-11】
コロムビア童謡レコード【05-07、08】
近藤書店【01-48】

さ
サーカス【12-35】
『さいころコロ助』【05-37】
さくら井屋【01-35 ～ 40】
『桜貝』【01-61】
サクラギ水彩絵具【04-13】
サクラプリズムカラー【06-13】
雑誌週間【10-17】
佐藤春樹【01-49】
小夜福子【12-04、05】
サンエス万年筆【08-07】
三省堂【06-25】
讃美歌【01-29、30】
さんぺい【05-45】
山林火災予防運動【10-08】

し
栞・交換会【10-33】
『親しき愛情』【01-31】
実業之日本社【04-18】【05-34 ～ 36】【05-40 ～ 42】
『児童年鑑』【06-21】
児童博覧会【05-21】
東雲堂【02-25】
麝香仁丹【07-02】
『写生の友』【08-10】
十一屋【02-16】
『従軍記者の窓野雪夫さん』【05-37】
『春香伝』【12-37】
小学館【07-22】
小学館賞【10-30】
小学館奨学賞【08-11】
『小学五六年の友　復習と受験』【06-18】
小学館『小学四年生』【05-30】
商業報国会【11-11】
『少女倶楽部』【01-54～56】【01-60】【01-62】【01-67～69】
『少女倶楽部行進曲』【01-59】
「少女倶楽部賞」【01-65】
『少女世界』【01-49】
『少女の友』【01-07】【01-51 ～ 53】【01-61】【01-70】【02-29、30】【11-18】
『少女クラブ』【05-37】
湘南電気鉄道【09-04】
小児解毒散【05-02】
『少年少女美談』【05-48】
『少年倶楽部』【05-24】
正野薬店【06-02】
傷兵救済【10-25】
昭和天皇・即位記念【10-15】
『処女オリヴィア』【12-21】
『次郎物語』【12-24】
白木屋呉服店【09-14】
シルエット【01-49】
『新女苑』【02-27、28】【02-31 ～ 33】【11-19】
仁丹【04-05】
仁丹ハミガキ【04-06】【05-05】【07-03、04】

す
水上バス【09-07】
スター鉛筆【11-06】
スキーゆかた【02-19】
須藤薫【01-54】
須藤しげる【01-67】

せ
政治博覧会【09-23】
『青春乱舞』【12-14】
誠文堂新光社【06-22】【06-24】
『全科学習書』【05-27】【06-23】
全国体育デー【05-11】

そ
双美人【02-07、08】
ゾリパット【02-02】

た
『大尉の娘』【12-28】
泰昌製薬【01-01】
大政翼賛会【10-26】
『大地の朝／春香女伝』【12-37】
大日本雄弁会講談社【05-28、29】【10-27、28】【01-02】
大毎小学生新聞【11-07】
『大陸行進曲』【11-02】
大礼記念京都大博覧会【06-17】
台湾青果【07-05】
高橋春佳【01-16 ～ 34】【07-23】
高畠華宵【01-70】
宝塚歌劇団【12-01】
宝塚少女歌劇「シンデレラ 十五場」公演【12-17】

図版索引

※各ページに添えられた「しおり」解説中に現れる人・会社・団体・商品・イベントなどを以下に掲げました。各項目の後の数字は、本書の図版番号です。雑誌・書籍・映画・演劇などのタイトルのみ『　』で括りました。

あ

『ああ無情』――【12-37】
『愛国行進曲』――【11-01】
愛国生命――【05-14】【06-07】
愛国百人一首――【02-14】
愛知銀行――【08-20】【11-03】
愛知電気鉄道――【04-14】
『アヴェマリア』――【01-47】
『赤胴鈴之介』――【12-13】
『アサヒグラフ』――【05-25】
朝日新聞――【10-19】
朝日新聞（名古屋）――【08-29】
旭製菓商会――【02-03】
アサヒトンボ印・学生服――【07-20】
アサヒヨット印・学生服――【05-15】
飛鳥明子――【12-32】
アタミロープウェイ――【09-03】
『新しき土』――【12-11】
『あまどりあ』――【02-24】
天野源七商店――【02-11】
『アリババと四十人の盗賊』――【12-23】
安全時計硝子――【10-32】
安藤井筒堂――【02-09】
『あんみつ姫』――【05-44】

い

飯塚敏子――【12-08】
『家なき児』――【01-67】
『十六夜清心』――【12-12】
石川啄木――【01-44】
伊勢電気鉄道――【04-11】
市川春代――【12-08】
伊藤千太郎商会――【12-32】
犬伏元貞薬房――【05-04】
井下清――【08-19】
岩井信実――【01-23】
岩田専太郎――【05-46】

う

上田敏――【01-41】【03-27】
ウエル万年筆――【06-04】【06-05】【06-09】
『歌に寄す乙女の花』――【01-45】

え

英和辞典――【02-25、26】
エヂソン靴――【05-13】
江ノ島・鎌倉観光――【04-07】
衿元――【02-01】

お

王様クレヨン商会――【02-15】
王様クレイヨン――【05-17】
王様クレオパス――【05-18】
大倉書店――【02-26】
大阪朝日新聞――【08-08】
大阪商船――【09-06】
大阪中央放送局――【09-17】
『おセンチ姉さん』――【05-44】
小樽市博覧会――【09-22】
オリヂナル薬粧――【02-09】
オリムピック――【08-25】

か

花王石鹸――【08-14】
輝く日本大博覧会――【09-20】
学習社――【05-27】【05-32】
火災予防運動――【10-05】
春日野八千代――【12-06】【12-33】
勝川春章――【02-24】
活動紙――【01-10】
カテイ石鹸――【07-19】
加藤まさを――【01-11】【01-13～15】【01-59】
カドマツ香油――【08-04】
鐘淵化学工業――【08-18】
鐘淵紡績――【08-18】
川崎弘子――【02-19】
河部五郎――【07-24】
河目悌二――【10-31】
簡易保険局――【06-11】
乾卯食料品――【05-02】

き

菊池幽芳――【01-67】
北原白秋――【03-27】
絹石鹸――【08-18】
牛乳石鹸――【07-11】
京都名所遊覧乗合自動車――【04-10】
極東ノート――【04-16】
キング水彩絵具――【02-15】
金星商会――【02-01】【02-04】
『ぎんのすず』――【06-19】

く

楠かほる――【12-07】
『虞美人草』――【12-01】
倉金章介――【05-44】
倉金良行――【05-44】
クラブ洗粉――【07-14】
クラブ白粉――【07-18】
クラブ化粧品――【02-05】【02-06】
クラブ石鹸――【07-16】【07-17】
クラブ乳液――【07-13】
クラブ歯磨――【08-05】【11-13】
クラブ美身クリーム――【07-13】
クラブほほ紅――【07-15】
グリコ――【05-06】
『軍国バレエ「砲煙」』――【12-05】

【監修・編著者／執筆者紹介】

● **山田俊幸**（やまだ・としゆき）
一九四七年生まれ。帝塚山学院大学教授。日本絵葉書会会長。
著書――『アンティーク絵はがきの誘惑』（産経新聞出版）ほか

● **羽島知之**（はじま・ともゆき）
一九三五年生まれ。東洋文化新聞研究所・紙の文化資料館代表。
編著書――『資料が語る戦時下の暮らし』（麻布プロデュース）ほか

● **竹内貴久雄**（たけうち・きくお）
一九四九年生まれ。書籍編集者。音楽評論家。大正・昭和初期文化研究者。
著書――『唱歌・童謡一〇〇の真実』（ヤマハミュージックメディア）ほか

● **高野麻衣**（たかの・まい）
一九七九年生まれ。文筆業。HP「乙女のクラシック」主宰。
著書――『フランス的クラシック生活』（PHP新書）

● **海藤隆吉**（かいどう・りゅうきち）
一九四八年生まれ。ピアニスト。

● **熊田司**（くまだ・つかさ）
一九四九年生まれ。大阪市立近代美術館建設準備室嘱託学芸員。
大正イマジュリィ学会副会長。

● **大木優子**（おおき・ゆうこ）
一九七九年生まれ。東京国立近代美術館非常勤職員。
金沢湯涌夢二館学芸員を経て現職。

近代ニッポン「しおり」大図鑑

二〇一二年一〇月三一日　初版第一刷発行

監　修――山田俊幸
編　者――羽島知之・竹内貴久雄

発行者――佐藤今朝夫
発行所――株式会社　国書刊行会
〒一七四―〇〇五六　東京都板橋区志村一―一三―一五
電話　〇三―五九七〇―七四二一（代）
FAX　〇三―五九七〇―七四二七
http://www.kokusho.co.jp

造本・装丁――美柑和俊＋田中未来［MIKAN-DESIGN］
印刷――株式会社シーフォース
製本――合資会社村上製本所

ISBN978-4-336-05370-1

※本書制作にあたっては、一部、著作権者・著作権継承者の方々のご理解、ご協力をいただきました。
また権利関係が不明のものもいくつかあります。これらについてお心当たりのある方は、
小社までご連絡ください。